Parceiros no
Casamento *e no* Ministério

Uma visão bíblica da igualdade de gênero

PARCEIROS NO
Casamento *e no* Ministério

Ronald W. Pierce

Uma visão bíblica da igualdade de gênero

Título original: *Partners in marriage and ministry.*
Copyright © 2011 by Ronald W. Pierce.
Edição original de Christians for Biblical Equality. Todos os direitos reservados.
Copyright de tradução © Vida Melhor Editora LTDA., 2023.
Todos os direitos desta publicação são reservados por Vida Melhor Editora LTDA.

As citações bíblicas foram traduzidas diretamente New International Version, a menos que seja especificada outra versão.

Os pontos de vista desta obra são de total responsabilidade de seu autor, não refletindo necessariamente a posição da Thomas Nelson Brasil, da HarperCollins Christian Publishing ou de sua equipe editorial.

PUBLISHER	Samuel Coto
COORDENADOR EDITORIAL	André Lodos
EDITOR	Guilherme H. Lorenzetti
ESTAGIÁRIA EDITORIAL	Bruna Cavalieri
TRADUÇÃO	Marisa Lopes
PREPARAÇÃO	Dayane Andrade
REVISÃO	Josemar Pinto
CAPA	Rafael Brum
DIAGRAMAÇÃO	Caio Cardoso

Dados Internacionais de Catalogação na Publicação (CIP)

P369p
1.ed.
	Pierce, Ronald W.
	   Parceiros no casamento e no ministério : uma visão bíblica da igualdade de gênero / Ronald W. Pierce ; tradução Marisa Lopes. – 1.ed. – Rio de Janeiro: Thomas Nelson Brasil, 2023.
	   128 p.; 13,5 x 20,8 cm.
	
	   Título original: Partners in marriage and ministry.
	   ISBN: 978-65-5689-668-7
	
	   1. Casamentos – Aspectos religiosos – Cristianismo. 2. Gênero – Aspectos Religiosos – Cristianismo. 3. Ministério cristão. I. Título.

06-2023/132   CDD 220.83054

Índice para catálogo sistemático:
1. Casamento e Ministério Cristã: Cristianismo
220.83054
Aline Graziele Benitez – Bibliotecária – CRB-1/3129

Thomas Nelson Brasil é uma marca licenciada à Vida Melhor Editora LTDA.
Todos os direitos reservados à Vida Melhor Editora LTDA.
Rua da Quitanda, 86, sala 218 – Centro
Rio de Janeiro – RJ – CEP 20091-005
Tel.: (21) 3175-1030
www.thomasnelson.com.br

Para minha parceira há mais de quarenta anos, Pat. Ela compartilha comigo do dom da graça da vida, que nos é concedido por Deus.

Sumário

Jornadas pessoais, 9

Parceiros desde a Criação até a cruz

1. Descobrindo a boa criação de Deus, 16
2. Aprendendo com as mulheres das Escrituras, 27
3. Abraçando o sermos um na comunidade cristã, 37

Princípios para hoje, 46

Parceiros no casamento

4. Submetendo-se uns aos outros em amor: *1Coríntios 7*, 52
5. Amando e servindo uns aos outros: *Efésios 5*, 62
6. Compartilhando do divino dom da graça da vida: *1Pedro 3*, 73

Princípios para hoje, 82

Parceiros no ministério

7. Celebrando nossa singularidade como mulheres e homens: *1Coríntios 11*, 88
8. Liderando juntos com humildade, respeito e esperança: *1Timóteo 2*, 100

Princípios para hoje, 110

Caminhos para o futuro, 114

Leituras adicionais, 121

Sobre a Christians for Biblical Equality International (CBE), 123

Jornadas pessoais

Por que devo me preocupar com isso?

Talvez você seja uma jovem que sinta um chamado para servir a Deus no ministério cristão, mas alguém lhe disse que existem algumas áreas em que servir é algo que está fora dos seus limites, por causa do seu gênero. Ou talvez você esteja pensando em se casar, mas ouviu dizer que deve estar disposta a deixar que seu futuro marido "assuma a liderança" em questões espirituais, bem como tome a decisão final sobre quaisquer desentendimentos. Afinal, segundo lhe disseram, o marido é responsável diante de Deus por sua esposa e seus filhos.

Em contrapartida, pode ser que você seja homem e esteja olhando para essas questões de uma perspectiva diferente. Pode ser que tenha ouvido seu pastor dizer que Deus quer que os homens sejam líderes tanto no lar quanto na igreja. Além do mais, seria pecado você fugir desse chamado. No entanto, pessoalmente, carregar esse fardo lhe parece muito pesado – e até mesmo algo para o qual você se sente inapto ou inadequado.

Pode ser que você seja um pai ou uma mãe cujo filho ou filha passou por uma experiência como essa e veio até você em busca de conselhos. Eles lhe dizem que leram as passagens da Bíblia que falam sobre homens e mulheres, mas que algumas lhes parecem pouco claras. Ou, talvez, esses textos não falem especificamente sobre as questões que eles estão enfrentando. Eles

10 Parceiros no casamento e no ministério

consultaram estudiosos evangélicos a respeito desse assunto, por meio de livros e seminários, mas mesmo nesse caso encontraram discordâncias significativas.

Talvez, em sua igreja, tenha havido certo grau de desavenças e de pessoas feridas por causa desse assunto – possivelmente até mesmo uma grande divisão na congregação. Ou, talvez, haja um grupo que esteja sugerindo que a igreja considere a possibilidade de colocar uma mulher em uma vaga no conselho de presbíteros – ou mesmo em uma posição pastoral de alta hierarquia. Você não sabe o que fazer nem de que lado ficar. Quer que as mulheres sejam tudo aquilo que Deus deseja para elas, mas simplesmente não sabe em quem ou no que acreditar.

Algum desses cenários lhe parece familiar? Caso lhe pareça, você tem bons motivos para se preocupar com a forma que homens e mulheres se relacionam no casamento e no ministério. Se você crê em Jesus Cristo e, portanto, faz parte do Corpo de Cristo, da igreja, esta questão terá impacto em sua vida, bem como na vida de outros crentes – de suas irmãs e seus irmãos em Cristo. No casamento, isso afetará o relacionamento com seu cônjuge e seus filhos. Se permanecer solteiro, ainda assim isso moldará a maneira de você pensar e se relacionar com outras mulheres e outros homens em seu círculo de amizades. Se você participar – como deveria – da responsabilidade de nomear líderes em sua igreja, pessoas que sejam piedosas e que tenham recebido dons de Deus, você terá que decidir como o gênero afeta esse processo, e assim por diante. A questão do gênero impacta todos os aspectos da vida, porque Deus criou as pessoas para se relacionarem entre si como homem e mulher.

O que você traz na bagagem?

Todos nós trazemos certa dose de "bagagem" conosco, quando lemos a Bíblia ou discutimos teologia. Você não reconhece, talvez, algumas de suas próprias "questões" refletidas nas perguntas

Jornadas pessoais 11

anteriores? Eu reconheço! E embora eu não possa espiar em sua bagagem enquanto escrevo este livro, as ideias que reuni ao longo da minha caminhada podem ajudar você com essas questões. Cresci em uma família cristã tradicional, na década de 1950. Era esperado que meu pai fosse o líder e o provedor da família, enquanto minha mãe deveria ser a dona de casa que criava os filhos (éramos seis). E geralmente partíamos do pressuposto de que os homens deveriam assumir os papéis de liderança na pequena Igreja dos Irmãos que frequentávamos, na zona rural da Pensilvânia.

Anos mais tarde, quando Pat e eu nos casamos, em 1969, havia uma suposição tácita de que eu cuidaria da liderança em nosso relacionamento e aceitaria as responsabilidades que acompanhavam "o papel do homem". Esse era o único modelo que havíamos conhecido em nossas respectivas famílias. Esse esquema parecia funcionar razoavelmente bem. E o mais importante era o fato de que achávamos que ele era bíblico, embora nenhum de nós dois tivesse realmente estudado o assunto.

Só comecei a estudar esse assunto na Bíblia com mais seriedade em meu primeiro ano como professor de Bíblia e teologia, em uma faculdade cristã no sul da Califórnia, em meados da década de 1970. Foi uma era tumultuada, que veio na esteira do movimento secular pelas igualdades racial e de gênero, algo que atingiu um ponto de ebulição na década de 1960.

Os "papéis" de gênero foi um tópico que surgiu naturalmente, em uma aula que ministrei na época sobre a ideia bíblica de "igreja". Logo se tornou uma área de interesse especial, a qual optei por abordar regularmente desde então. Recentemente, juntei-me a outros 25 estudiosos da Bíblia e teólogos, para publicar um texto acadêmico de fôlego sobre o assunto intitulado *Discovering biblical equality*[1] [Descobrindo a igualdade bíblica]. Além disso,

---

1 (InterVarsity, 2005).

12 Parceiros no casamento e no ministério

tenho falado em escolas, igrejas, conferências, debates e diálogos por mais de vinte e cinco anos. A igualdade de gênero continua sendo uma grande ênfase em meu pensamento, em minha pesquisa, em tudo que escrevo e em minha vida pessoal.

Todo esse estudo acabou me conduzindo a um caminho nem sempre previsível, que também não prosseguia na mesma direção. Tanto minha formação quanto a época em que vivi me forçaram a examinar as Escrituras como fizeram os antigos bereanos (At 17:11), de modo a repensar a posição que, por tanto tempo, eu considerara natural, óbvia. No final, descobri que o que a Bíblia ensina é um relacionamento comum de reciprocidade, uma parceria entre iguais, ainda que diversa, entre mulheres e homens, tanto no casamento quanto no ministério.

Sim, Deus criou o ser humano como homem e mulher feitos à imagem divina. E, como homem e mulher, temos diferenças inatas e salutares. Mas não consigo encontrar nenhuma evidência sequer nas Escrituras de que Deus pretendesse que apenas uma parte liderasse e a outra a seguisse. Pelo contrário, a unidade e a diversidade compartilhadas por homens e mulheres devem ser caracterizadas por submissão mútua no Corpo de Cristo – tanto na igreja quanto no lar.

O que está em pauta?

Vários princípios me guiaram ao escrever este livro. Em primeiro lugar, procurei basear o que escrevi na Bíblia, à qual me submeto pessoalmente, pois a considero a Palavra de Deus plenamente inspirada e autoritativa. Esse princípio ficará evidente nos oito capítulos principais, que se concentram nas passagens mais importantes relacionadas a esse relevante tópico. Isso também pode ser visto nas muitas outras referências bíblicas feitas ao longo dos capítulos. Espero que, enquanto lê este livro, você tenha sua Bíblia aberta, para que possa ver esses textos dentro de seus contextos mais amplos. Como um colega e amigo meu, Ed Curtis, disse certa vez: "Se nos apegarmos ao que as Escrituras claramente ensinam – isto é, naquilo em que os evangélicos conseguem concordar –, teremos mais em nossas mãos do que conseguiremos dar graças!". Em segundo lugar, o desejo do meu coração é abordar esta questão de forma positiva e unificadora. Quero enfatizar mais o que nós, como evangélicos, temos em comum, não o que nos divide. Jesus orou ao Pai em nosso favor, dizendo: "Santifica-os na verdade; a tua palavra é a verdade [...] que todos sejam um [...] para que sejam levados à plena unidade. Então o mundo saberá que tu me enviaste" (Jo 17:17-23). Jesus nos chama tanto à verdade quanto à unidade.

Em terceiro lugar, tentei tornar este livro prático. O grande pastor e pregador Charles Swindoll costumava dizer: "Alguns professores pegam um conceito simples e o tornam tão complexo que apenas outros estudiosos conseguem entendê-lo. Em contraste, um bom professor pega um conceito complexo e o torna suficientemente claro para que todos possam entendê-lo". Com isso em mente, agrupei as passagens-chave em três seções maiores: fundamento teológico (seção um), casamento (seção dois) e ministério (seção três). Cada seção termina com um resumo de alguns desafiadores "Princípios para hoje".

Em quarto lugar, me esforcei para ser conciso. Certa vez, pediram a Hillel, um idoso rabino judeu, que respondesse a uma pergunta, enquanto um aluno seu "ficava em um pé só". Em outras palavras, o que lhe pediram foi: "Dê-me a versão curta!" Recebo pedidos desse tipo com frequência na universidade onde leciono e na igreja onde minha esposa, Pat, e eu ministramos como leigos – e, até certo ponto, isso é legítimo. Vivemos vidas atormentadas em um mundo frenético, tentando ganhar o pão de cada dia. Este livro é um arcabouço do quadro geral, são os fundamentos bíblicos da parceria mútua entre homens e mulheres. Se você deseja fazer um estudo mais aprofundado, uma pequena lista de referências é fornecida ao final desta obra.

14   Parceiros no casamento e no ministério

Finalmente, não contive o desejo de ser apaixonado. O capítulo final, intitulado "Caminhos para o Futuro", mostrará para onde acredito que minha jornada está nos levando. Esta é uma jornada para um lugar melhor, um lugar de mais esperança do que aquilo que enfrentamos agora. É uma jornada que nós, como crentes, podemos e devemos trilhar juntos. É uma jornada para servos apaixonados de Cristo.

Parceiros desde a Criação até a cruz

1

Descobrindo a boa criação de Deus

Gênesis 1–3

Ao longo dos mais de trinta anos em que pesquisei, ensinei e escrevi sobre Bíblia e teologia, desenvolvi um profundo amor pelo Antigo Testamento, especialmente por suas narrativas. E, uma vez que Deus escolheu começar a Bíblia com as histórias da Criação, começaremos por elas também.

Dois relatos complementares da Criação aparecem em Gênesis, e o capítulo 1 lança as bases para o capítulo 2. O tema dos capítulos 1 e 2 de Gênesis, juntos, são os seres humanos criados à imagem de Deus como homem e mulher. A questão do gênero está bem no centro do evento criador que dá início a toda a história das Escrituras.

O que significa ser criado à imagem de Deus?

No princípio, Deus criou a humanidade à sua própria imagem, como homem e mulher. Então, ele os abençoou, dizendo: "Tenham filhos e povoem a terra – dominem sobre todas as suas criaturas" (Gn 1:26-28).

Quando comecei a estudar os relatos da Criação, tive uma surpresa. Pessoas comuns, como você e eu, são apresentadas como a maior conquista da criação de Deus. Poderíamos ter esperado que a maior conquista da criação fossem as belezas extraordinárias da terra ou as maravilhas insondáveis do universo. Mas, em vez

Descobrindo a boa criação de Deus **17**

disso, Deus escolheu os seres humanos, feitos à imagem divina, como homem e mulher. De fato, fomos projetados para estar em um relacionamento pessoal e íntimo com nosso Criador, de modo a nos comunicarmos com ele e a refletirmos seu caráter. Nenhum outro elemento da criação de Deus recebeu esse privilégio. Também fomos criados para participar da comunhão do Deus uno que existe para sempre em três Pessoas: Pai, Filho e Espírito. É por isso que Deus disse: "Façamos o ser humano à nossa imagem" (observe o plural do verbo e do pronome possessivo). A comunhão é fundamental para vivermos bem com Deus e uns com os outros. Fomos criados para experimentar e desfrutar dela.

Além disso, mulheres e homens foram chamados para ter domínio sobre o restante da terra e de suas criaturas. No mundo recém-criado de então, a liderança foi dada, desde o início, a homens e mulheres como parceiros. Deus os abençoou (novamente está no plural), dizendo: "Sejam senhores sobre [...] todos os animais". Embora, como homem e mulher, tenhamos sido criados de forma diferente um do outro, a intenção era que, juntos, compartilhássemos desse privilégio e dessa responsabilidade singulares.

Depois de criar o primeiro casal, "Deus viu tudo o que havia feito, e tudo era muito bom" (Gn 1:31). O que era bom? Três coisas: (1) o fato de que fomos criados à imagem de Deus, (2) o fato de que fomos criados como homem e mulher e (3) o fato de que devemos exercer domínio, juntos, sobre o restante da criação. As primeiras palavras da Bíblia sobre as relações de gênero são concisas, quase enigmáticas. Sua mensagem de mutualidade e comunhão, porém, é profunda. Era para ser um relacionamento entre duas pessoas diferentes, que beneficiasse a ambas e não prejudicasse nenhuma delas. Com suas diferenças salutares, essas duas pessoas poderiam trabalhar juntas para cumprir os propósitos de Deus no novo mundo.

O relato da Criação, que vem a seguir, no capítulo 2 de Gênesis, fornece muito mais detalhes sobre como Deus nos criou como homens e mulheres e, o que é mais importante, por quê.

Parceiros no casamento e no ministério

Por que Deus nos fez homem e mulher?

Deus primeiro criou o homem do pó da terra e lhe deu vida. Mas não era bom que ele ficasse sozinho; o homem precisava de uma parceira que o ajudasse. Então, Deus criou, do próprio corpo do homem, uma mulher para ele. Adão a chamou Eva, porque todos os seres humanos viriam dela. Foi assim que o casamento começou (Gn 2:7,18,22-24; 3:20).

Quando comecei a lecionar, em 1976, eu fazia apostilas com um velho mimeógrafo. Eu me refiro a um daqueles que tinham um grande tambor de metal, estênceis de cera, e nos quais usávamos esmalte para corrigir os erros cometidos na máquina de escrever. Eu sei, alguns de vocês estão dizendo: "O que é uma máquina de escrever?" Ou, então, eu usava uma folha de papel--carbono anexado a uma folha de papel com o texto original a ser reproduzido. Estas duas folhas eram passadas em uma máquina duplicadora para gerar cópias, e faziam menos bagunça. Ambos os métodos resultavam em cópias de qualidade inferior, muitas vezes difíceis de ler. As cópias não refletiam com nitidez o original de onde foram geradas.

Alguns entendem que a mulher foi criada a partir do homem desta forma: o homem era o original perfeito; a mulher era a cópia de qualidade inferior. Outros apontam que os animais vieram primeiro; então, Deus criou Adão; e então (toquem os tambores, por favor), a coroação de todo o evento da Criação foi Eva. Nem uma versão nem outra corresponde exatamente ao modo como a Bíblia conta a história.

Enquanto examinamos mais de perto o "Segundo Ato" da história da Criação, reflita sobre estas perguntas: Por que o Criador fez os seres humanos como homens e mulheres? E por que ele criou a primeira mulher a partir do primeiro homem em vez de ter criado ambos, homem e mulher, do pó da terra? As respostas encontram-se na própria história.

Deus primeiro criou o homem, sozinho, e permitiu que ele observasse todas as outras criaturas com suas companheiras. Dessa forma, o homem reconheceria que, como ser humano, estava sozinho, sem uma companheira com quem compartilhar o gracioso dom da vida, concedido por Deus. Além disso, ele não teria ninguém para ajudá-lo em tempos de necessidade ou para se unir a ele na tarefa de ter filhos, a fim de que a humanidade pudesse se perpetuar. O homem, estando sozinho, era incapaz de cumprir a ordem de Deus para que se multiplicasse, enchesse a terra e a dominasse (Gn 1:28).

O que significa quando o texto diz que a mulher foi criada para ser "uma ajudadora que correspondesse" ao homem (uma tradução literal de Gn 2:20)? Na minha infância, quando li pela primeira vez esta história na antiga versão King James, pensei que "ajudadora" (KJV, ASV) devia significar algo como a secretária do chefe, ou talvez uma garotinha a quem permitissem "ajudar" a mamãe na cozinha. Em outras palavras, como ajudadora, ela era alguém de qualidade inferior à qualidade daquele a quem ela estava ajudando.

No entanto, em minha jornada exploratória, descobri que o termo hebraico original significava simplesmente qualquer um que ajudasse a outro que estivesse necessitado, independentemente de qual deles pudesse ser mais forte ou mais inteligente do que o outro. Na verdade, a maioria das referências na Bíblia cita Deus como o "ajudador". Por exemplo, Deus "ajuda a José" (Gn 49:25) e é o "escudo que ajuda" Israel (Dt 33:29). O salmista clama em sua necessidade: "Ó Senhor, sê meu ajudador" (Sl 30:10), e o profeta Isaías promete a Israel que o Senhor os "ajudará" (Is 41:10). Da mesma forma, o servo de confiança de Abraão se chama Eliézer ("meu Deus é ajudador"; Gn 15:2), e Samuel ergue o monumento Ebenézer ("pedra de ajuda"), declarando: "Até aqui nos ajudou o Senhor" (1Sm 7:2). A lista poderia continuar.

Adão precisava desesperadamente do tipo de ajuda que os animais não podiam oferecer. Eva foi concebida de forma singular para

20 Parceiros no casamento e no ministério

atender a essa necessidade. Assim como Deus muitas vezes libertou Israel, Eva deveria resgatar Adão de sua solidão. Mas, diferentemente de Deus, que era infinitamente superior a Israel, ela seria "uma ajudadora que correspondesse" a Adão, ou seja, um ser humano como ele, nem superior nem subordinado. Ela corresponderia a ele como sua companheira e parceira, de modo que, enquanto compartilhavam a vida juntos, pudessem se ajudar mutuamente.

Deus formou a mulher a partir do lado do homem, enquanto ele dormia. Muitas vezes já ouvi pastores dizerem em casamentos: "Eva não foi tirada da cabeça de Adão, para ser superior a ele, nem de seus pés, para ser subordinada a ele – ao contrário, ela foi tirada do lado de Adão, para ser sua parceira". Eu não conseguiria fazer uma síntese melhor.

Você já notou os olhos de um noivo, ali parado na frente da igreja, quando, pela primeira vez, ele vê sua linda amada em seu vestido de noiva? Ele parece um garotinho no Natal. No entanto, no caso de Adão foi muito mais incrível! Quando, pela primeira vez, Adão testemunhou o que Deus havia feito para ele, ficou aturdido. "Finalmente, carne da minha carne e osso dos meus ossos!", ele bradou. "Vou chamá-la 'mulher' porque foi tirada do homem" (Gn 2:23). Adão imediatamente reconheceu que ela era uma pessoa, um ser humano como ele, embora, ao mesmo tempo, fosse encantadoramente diferente – um complemento perfeito!

E por falar em casamentos, Gênesis 2 também explica a origem de um costume há muito estabelecido. O narrador comenta: "É por isso que o homem deixa pai e mãe para se unir à sua mulher" (Gn 2:24).

Eva foi tirada de Adão e, portanto, deveria se unir de novo a ele – de "uma só carne" para outra. Deveria haver diversidade e unidade. Mas também há equilíbrio, pois, assim como ela fora tirada dele, assim todos os seres humanos dali em diante virão dela (Gn 3:20). Do mesmo modo que houve uma "ordem de criação", também há uma "ordem de procriação".

Descobrindo a boa criação de Deus 21

Paul Stookey, famoso cantor do trio *Peter, Paul e Mary*, colocou essa ideia em uma conhecida composição sua de 1971, "Wedding Song" [Música de casamento]:

O homem deixará sua mãe, e a mulher deixará sua casa,
e eles devem começar uma jornada para onde os dois serão como um.
Assim como foi no começo, é agora e será até o fim.
A vida da mulher, ela a toma do homem e a devolve.
E existe amor. Existe amor.

Certamente, Deus poderia ter criado o homem e a mulher ao mesmo tempo, cada qual separadamente, a partir do pó da terra. Mas isso não teria ilustrado tão bem a beleza da verdade bíblica sobre a unidade na diversidade. Em vez disso, homem e mulher começaram como um só e voltaram a ser um só novamente.

Há alguns anos, Betty Coble-Lawther, ex-pastora e querida amiga, mostrou um exercício à minha esposa, Pat, e a mim, em um seminário sobre casamento. Ela nos fez pegar dois pedaços de cartolina (de cores diferentes) e colá-los juntos. Então, depois que a cola secou, ela pediu que tentássemos separá-los. Isso nos ajudou a visualizar o que Deus quer dizer quando fala que os dois se tornam um, inseparavelmente.

Outra maneira de ver a natureza dessa união é considerar como as imagens eletrônicas são reproduzidas hoje em dia. Elas podem ser reproduzidas quantas vezes quisermos sem perder a qualidade do original. Na verdade, a menos que optemos por alterar uma imagem de alguma forma, a segunda imagem terá exatamente a mesma qualidade da original. Assim também é com a criação de homens e mulheres por Deus. A ênfase está no que eles tinham em comum. A mulher foi criada como um ser humano que corresponde ao homem. Eles se complementavam por serem ligeiramente diferentes; contudo, compartilhavam igualmente da imagem de Deus. A mão criativa de Deus criou tanto o homem quanto a mulher de modo que pudessem voltar a se unir e a se tornar um só, no amor e na procriação. O privilégio que Adão teve de ser a fonte da qual Eva foi formada é contrabalançado pelo privilégio que Eva tem de ser a fonte de toda a humanidade dali em diante.

Enquanto escrevo, Pat está ajudando a cuidar de nossas novas netas, as gêmeas Heidi e Kristen, bem como de seus irmãos mais velhos, Matthew e Zachary. Algum dia, um deles pode nos perguntar: "Por que Deus fez os meninos diferentes das meninas?" O que devemos responder? Poderíamos dizer a eles que Deus não queria que ficássemos sozinhos; então, ele fez dois de nós, para que pudéssemos ajudar um ao outro. Poderíamos dizer que Deus ama essa unidade entre as pessoas, mas também se deleita com a maravilhosa diversidade – e que somente se trabalharmos em conjunto poderemos cumprir os propósitos de Deus para a humanidade. Podemos assegurar-lhes que ser criado como menino ou menina é uma coisa muito boa, pois ambos os sexos refletem a imagem de Deus.

Eu gostaria que pudéssemos parar por aí. Mas, para sermos totalmente honestos com nossos netos, devemos dizer a eles que o relacionamento harmonioso para o qual fomos criados foi seriamente prejudicado por nosso fracasso em fazer a vontade de Deus. É aqui que Gênesis 3 nos leva por uma antiga vereda de jardim.

O que aconteceu no jardim do Éden?

Eva comeu do fruto proibido, assim como Adão, e Deus puniu os dois. Deus disse a Eva: "Com doloroso labor você dará à luz filhos. Você desejará seu marido, embora ele a domine. Então, Deus disse a Adão: "Com doloroso labor, você ganhará a vida da terra – e, então, morrerá" (Gn 3:1-6, 14-20).

Alguns de vocês podem estar se perguntando, a esta altura, por que estou escrevendo sobre pecado e fracasso em um capítulo intitulado "Descobrindo a boa criação de Deus". Bem, há duas razões. Em primeiro lugar, a beleza da parceria mútua para a qual fomos criados se destaca com mais clareza quando contrastada com as lutas de poder que resultaram do fracasso da

Descobrindo a boa criação de Deus   23

humanidade. Este é o contexto interpretativo que a Escritura nos fornece. Em segundo lugar, é a primeira vez que o patriarcado (ou seja, o "governo masculino") aparece na Bíblia. Os relatos da Criação nem sequer fazem alusão a isso! Nos Estados Unidos, vivemos em uma cultura competitiva. Ela é incutida em nós desde as primeiras experiências, de esportes na escola até a curva de notas, e tudo mais entre uma coisa e outra. Do lado positivo, isso pode nos levar às maiores conquistas em muitos campos diferentes. Do lado negativo, pode nos alienar uns dos outros, promovendo uma mentalidade destrutiva de vencer a qualquer custo. Onde tudo isso começou? Você adivinhou: foi bem aqui, em Gênesis!

A cena começa com o adversário, Satanás, aparecendo sob a forma de uma serpente para enganar a mulher, ao desafiar a autoridade e a integridade de Deus. Antes, Deus tinha dito a Adão que ele não deveria comer da árvore do conhecimento do bem e do mal e, ao que parece, Adão passou essa informação para Eva (Gn 2:16-17). No entanto, ela foi enganada para que fizesse justamente isso; depois, Adão se uniu a ela e, juntos, o casal violou a ordem de Deus.

Infelizmente, quando Deus os confrontou, nenhum dos dois estava disposto a assumir a responsabilidade por seus atos – em vez disso, eles entraram no "jogo de culpar o outro".

Primeiro, Adão culpou Eva como a mulher que Deus lhe dera. Em outras palavras, ele estava culpando Deus por lhe dar essa companheira. Então, Eva culpou a serpente, provavelmente com a mesma implicação em relação a Deus. No final, Deus julgou cada um deles, mas na ordem inversa: a serpente, a mulher e o homem. Para manter o equilíbrio, Deus confronta primeiro o homem, mas julga primeiro a mulher. Nenhum dos dois é tratado com privilégio nem com preconceito. Em vez disso, cada um deles é responsabilizado, ainda que de maneiras diferentes.

Vale a pena destacar aqui que a humanidade compartilhará de um aspecto da maldição da serpente. Um descendente da

24 Parceiros no casamento e no ministério

mulher derrotará um dia aquele que é representado pela serpente (Gn 3:15). Embora a mulher deva pagar por seu erro, há graça no julgamento, pois, assim como a mulher levou à queda da humanidade, ela também levará à redenção da humanidade! Jesus, o Messias, um dia "nascerá de uma mulher" (Gl 4:4), com o propósito de redimir a humanidade em sua crucificação e sua ressurreição. Assim como Deus contrabalançou a ordem de criação com a ordem de procriação, e a ordem do confronto com a ordem do julgamento, ele contrabalança o julgamento individual de Eva com o grande privilégio de Maria em ser a mãe de Jesus.

Também é importante entender que os julgamentos (não maldições) sobre a mulher e o homem são *descritivos* do que virá, não *prescritivos* sobre a boa intenção de Deus na Criação. Na verdade, eles são uma triste distorção do modelo da criação. A mulher dará à luz filhos com doloroso labor e, embora seu desejo seja para o marido, este se tornará seu senhor (Gn 3:16). Mais uma vez, a chave para entender essas palavras é o seu contexto. Este é um julgamento sobre a humanidade, não uma bênção. Deus diz a Eva como serão as coisas de agora em diante, por causa de seu pecado. Ela não apenas enfrentará uma dolorosa luta para ter filhos, mas também uma luta por poder com o marido. Ela desejará dominá-lo, mas ele acabará por dominá-la (compare as palavras semelhantes na história de Caim e Abel, em Gn 4:7).

O julgamento de Adão é semelhante ao de Eva. Ele também enfrenta uma luta dolorosa, embora a sua esteja relacionada à terra de onde foi tirado, e para a qual ambos retornarão. Cada um deles compartilha do julgamento do outro, mas cada um tem um fardo diferente para carregar. Como Jonalyn Grace Fincher, escritora e palestrante que é amiga nossa, aponta em seu excelente livro *Ruby slippers*: "Os homens não são de Marte, nem as mulheres são de Vênus – verdade seja dita, nós somos todos do Éden!"

É importante perceber que a luta por poder entre homens e mulheres – da qual o homem emergirá como aquele que governa – aparece primeiramente no contexto das dolorosas lutas da gravidez de Eva e do trabalho de Adão no solo infestado de espinhos. Na condição de julgamentos pelo pecado, ambos contrastam com a boa intenção original de Deus para a humanidade. Na verdade, Jesus veio para nos redimir dessas coisas, para nos salvar das consequências de nossos erros. Isaac Watts, grande escritor de hinos do século 18, captou bem esta mensagem na conhecida canção natalina "Joy to the World" [Alegria ao mundo]:

Não permita mais que pecados e tristezas cresçam,
Nem que espinhos infestem o solo;
Ele vem para fazer fluir suas bênçãos
Até onde a maldição for encontrada.

Quando lemos os capítulos 1 a 3 de Gênesis em seus próprios termos, somos capazes de descobrir a boa criação de Deus em forte contraste com os relacionamentos desfigurados que resultaram de nosso fracasso humano. Também podemos perceber quanto de nossa bagagem pessoal temos trazido conosco ou quantos de nossos próprios preconceitos aprendemos com a família e a cultura.

Pode ser libertador encontrar o primeiro casal na beleza e na simplicidade de seu companheirismo mútuo. Seu modelo é aplicável quer você seja casado, quer seja solteiro. O objetivo é praticar nossa parceria mútua, como pessoas criadas à imagem de Deus, quer sejamos cônjuges, quer irmãos e irmãs, quer apenas amigos.

A história da Criação e da Queda, em Gênesis, nos capítulos 1 a 3, fala principalmente sobre a intimidade pessoal do primeiro homem e da primeira mulher, bem como de sua luta contra o fracasso humano. No entanto, os princípios ali encontrados ainda se aplicam à maneira como mulheres e homens se relacionam nos dias de hoje, dentro e fora do casamento. No entanto, devemos tomar cuidado ao fazer generalizações a partir dos textos da Criação e Queda. Nossas experiências amplamente diferentes como indivíduos acrescentam uma camada significativa de complexidade à experiência de apenas um homem e uma mulher no início dos tempos. Tenha isso em mente, ao refletir sobre essas questões para discussão.

PARA REFLEXÃO E DISCUSSÃO

1. Se você é casado(a), quais são duas ou três diferenças benéficas entre você e seu cônjuge? Como elas podem ser usadas para promover a unidade e a harmonia?

2. Como indivíduo (solteiro ou casado), quais são algumas das características singulares que você possui e que podem beneficiar outras pessoas em sua vida?

3. Quais são alguns exemplos de "ajudadores que correspondam" a você em suas experiências? Por favor, seja específico.

4. Você já teve medo de ficar só, talvez em algum momento em que esteve distante de casa ou da família? Em alguma ocasião teve alguém que foi um ajudador para você em momentos como esse?

5. Houve momentos em que você poderia ter sido um(a) ajudador(a) para alguém que estava só, mas optou por não fazê-lo? O que impediu você de sê-lo?

6. Pense em uma ocasião em que se viu envolvido em uma luta por poder com um amigo ou cônjuge. Você foi capaz de superar a situação e restaurar a mutualidade? Como foi capaz de fazer isso?

7. Quando houve lutas por poder que terminaram mal para você? É tarde demais para restaurar o(s) relacionamento(s) [abalados]? O que você pode fazer diferente da próxima vez?

2

Aprendendo com as mulheres das Escrituras

Narrativas bíblicas

Todos adoram uma boa história. Contar histórias é algo que toca a nossa vida de formas que outros métodos de ensino não conseguem. Jesus ensinava dessa maneira na maioria das vezes. Quando trato com meus alunos sobre a questão de gênero, em geral também uso esse método.

Além das passagens mais comumente referenciadas, como as que serão discutidas nos capítulos seguintes, em geral mostro a eles nas Escrituras as histórias de mulheres que serviram em papéis de liderança importantes ou aquelas que simplesmente desejam sentar-se aos pés de Jesus e aprender como um de seus discípulos. Neste capítulo, veremos três desses exemplos de mulheres. Débora foi uma mulher do Antigo Testamento de caráter forte, que liderou Israel comunicando-lhes a vontade de Deus por meio de profecias autoritativas e decisões judiciais. Nos Evangelhos, veremos Maria de Betânia, que fornece uma bela imagem de uma mulher que foi discípula de Jesus. Ele a elogiou abertamente por escolher esse caminho, embora fosse contra as normas da cultura da época. E, finalmente, nas saudações de Paulo à igreja em Roma, ele elogia uma mulher chamada Júnia, uma colaboradora do apóstolo que era notável entre os apóstolos. Todas elas mulheres extraordinárias que foram usadas por Deus de maneiras extraordinárias.

28   Parceiros no casamento e no ministério

Deus fala ou lidera por meio de mulheres na Bíblia?

Como juíza, Débora presidia o tribunal na principal encruzilhada da região dos montes de Israel, onde as pessoas a procuravam para que decidisse seus litígios. Como profeta, ela convocou Baraque e ordenou-lhe em nome de Deus que lutasse contra os cananeus no vale de Jezreel (Jz 4:4-6).

Sem dúvida, a líder feminina mais famosa nas Escrituras é Débora, a qual foi capacitada por Deus como profetisa e juíza para liderar Israel em um momento crítico. A história de Débora, contada em Juízes 4 e 5, ocorre em uma época em que não havia rei em Israel e cada um fazia o que lhe parecia certo (Jz 17:6; 25:1). Até mesmo os grandes heróis da fé, como os juízes Gideão, Baraque, Sansão e Jefté (Hb 11:32-34), lutaram em seu relacionamento com Deus e na liderança da jovem nação. Débora se destaca nesse cenário como uma líder que serviu com excelência, como alguém que era respeitada e procurada por aqueles a quem servia.

Várias imagens nos vêm à mente, quando pensamos nos juízes dos dias de hoje – em geral provenientes dos dramas de tribunal que passam na televisão. Mas o que significava ser juiz no antigo Israel? Os juízes dessa época serviam de duas maneiras: resolviam disputas civis e lideravam exércitos em batalha. Em ambas as funções, a palavra deles revestia-se de autoridade, e seus julgamentos civis, bem como suas ordens militares, eram compulsórios.

Débora serviu como juíza principalmente da primeira maneira, no sentido de resolver disputas civis. Ela julgava debaixo de uma tamareira, chamada a tamareira de Débora, que ficava na encruzilhada central do país. Ali, pessoas de todos os territórios tribais poderiam vir buscar seu sábio julgamento. Ela era bem conhecida e bastante respeitada por esse aspecto administrativo de seu trabalho (Jz 4:5). Juízes como Débora tinham a responsabilidade de discernir a verdade e, ao mesmo tempo, promover a união entre o povo de Deus. Não era uma escolha de um ou outro! Pelo contrário, esses dois elementos compunham o lado administrativo do dever de um juiz. Era aqui que a sabedoria de Débora traduzia-se em ação.

Contudo, os juízes do passado, ao contrário dos juízes contemporâneos, também deveriam liderar os exércitos de sua nação na batalha. Embora Débora pudesse ter tentado servir nessa posição também, ela convocou um homem de um território tribal, que ficava a mais de 80 quilômetros de distância (na época, isso representava uma jornada de dois dias a pé). Por quê? Mais uma vez, sua sabedoria fica evidente. Além do fato de que os homens geralmente são mais habilidosos e experientes como guerreiros, Baraque estaria familiarizado com o campo de batalha, pois ficava perto de sua casa. Bons líderes escolhem bons auxiliares para ajudá-los em momentos de necessidade.

Nesse contexto, Débora atuou como uma profetisa que falava em nome de Deus, para o povo de Deus. Profetizar era algo semelhante a proferir decisões judiciais, pois ambas as tarefas envolviam exercer autoridade em nome de Deus.

Para esclarecer, Deus nunca pretendeu que a autoridade de um profeta se encontrasse no próprio profeta. Pelo contrário, os profetas falavam com autoridade apenas quando representavam com precisão o que Deus estava dizendo. No entanto, eles de fato falavam com autoridade! Por exemplo, Débora não pergunta educadamente a Baraque o que ele acha de liderar um exército na batalha. Não, o que ela diz é: "O Senhor, o Deus de Israel, ordena a você: 'Vá, reúna 10 mil soldados [...] e lidere-os até o monte Tabor!'" (Jz 4:6). Ela era sua "comandante em chefe".

Curiosamente, Baraque insiste para que Débora o acompanhe na batalha. Quando estudava no seminário, eu costumava pensar em Baraque como um covarde, trêmulo e agarrado ao avental de Débora. Então, um dia notei que ele estava listado no Novo

Testamento como um grande homem de fé, daqueles "de quem o mundo não era digno" (Hb 11:38). Talvez ele quisesse levar uma profetisa consigo para o caso de precisar tomar uma decisão de emergência no campo, no calor da batalha, ou talvez fosse porque a nação já respeitava a liderança de Débora.

De qualquer forma, a melhor interpretação para o pedido de Baraque é vê-lo como um exemplo de sua fé em Deus e de sua disposição de se submeter à palavra de Deus, entregue por meio de Débora, a mensageira de Deus. Isso também fica evidente quando ele concorda em ir para a guerra, sabendo que o crédito pela vitória caberá a outra mulher, Jael (Jz 4:9,16-23). Estas não são ações de um covarde, mas sim de um grande guerreiro que é, ao mesmo tempo, humilde o suficiente para respeitar seu comandante – ainda que este seja uma mulher.

Não há nenhum indício na história de Juízes 4 e 5 de que Deus desaprovasse de alguma forma o serviço de Débora como profetisa ou juíza. Também não encontramos o povo de Israel relutante em aceitar suas decisões ou em ir com ela para a batalha. Em vez disso, Débora serve como um exemplo estelar de uma mulher extraordinária que serve de maneira extraordinária, tendo sobre si a bênção e o poder de Deus. Como a família da "mulher de caráter forte", em Provérbios 31, o marido de Débora, Lapidote, e seus filhos, bem como as gerações seguintes, têm bons motivos para se levantar e chamá-la de bem-aventurada!

O que Jesus pensa sobre as mulheres como discípulas?

> Maria de Betânia estava ouvindo Jesus ensinar, quando sua irmã Marta insistiu que ela a ajudasse na cozinha. Jesus respondeu: "Você está preocupada com muitas coisas, Marta. Mas apenas poucas coisas são necessárias – na verdade, apenas uma. Maria escolheu a melhor, e esta não lhe será tirada" (Lc 10:38-42).

Muitos de nós crescemos aprendendo sobre os discípulos de Jesus por meio da cativante canção: "Havia doze discípulos;

Jesus chamou Simão Pedro, André, Tiago, seu irmão João para ajudá-lo..." Ou, se você for um pouco mais sofisticado, a requintada pintura de Leonardo Da Vinci, de 1498, "A Última Ceia", pode lhe vir à mente, na qual os 12 discípulos de Jesus participam da última Páscoa com seu Mestre.

De qualquer forma, você provavelmente pensa nos discípulos de Jesus como sendo homens – sim, todos os homens. Raramente pensamos no grupo maior dos 72 discípulos, que também foram enviados por Jesus (Lc 10:1-23), ou nas discípulas que viajavam com ele e apoiavam financeiramente seu ministério com recursos pessoais. Algumas dessas mulheres até se reuniram com o círculo mais íntimo dos "Doze" (Lc 8:1-3). Maria de Betânia foi discípula do Mestre como muitas outras mulheres sábias e corajosas de sua época.

Marta e Maria viviam com seu irmão, Lázaro, na pequena aldeia de Betânia, adjacente a Jerusalém, na encosta oriental do monte das Oliveiras. Como seguidoras de Jesus, proviam lugar para ele ficar, quando estava na área. Certo dia, Marta estava fazendo os preparativos habituais para o jantar, enquanto recebia a visita de Jesus e seus discípulos. Quando ela percebeu que sua irmã mais nova, Maria, não a ajudava no trabalho, Marta foi procurá-la e a encontrou sentada com os outros discípulos, aprendendo com o Mestre.

Indignada, Marta repreendeu sua impetuosa irmã menor por negligenciar seu papel tradicional, esperando ouvir um endosso de Jesus. Em vez disso, ele insistiu no fato de que Maria havia feito a melhor escolha. Ela ousou ir além das limitações impostas por sua cultura e se juntar aos discípulos, para aprender com o maior rabino que Israel já conhecera. Por isso Jesus a elogia, assegurando-lhe que era bem-vinda para compartilhar de lugar tão privilegiado ao lado dos homens.

Só havia uma coisa realmente necessária para uma garota judia do primeiro século, que vivia na Palestina dominada pelos romanos. Não, não era cozinhar e limpar, nem ser uma boa esposa e dar filhos ao marido. Estas coisas certamente teriam sido classificadas entre as "poucas" coisas importantes, mas não como a "única" coisa necessária. A melhor coisa que Maria poderia fazer era tornar-se uma discípula de Jesus.

Quando eu estava fazendo pós-graduação na Talbot, em meados da década de 1970, a escola estava apenas começando a permitir que mulheres se matriculassem nos programas de Mestrado em Divindade e Mestrado em Teologia. Embora tivesse sido fundada em 1952, levou 25 anos para que sua liderança descobrisse que não havia problema no fato de mulheres estudarem a Bíblia e a teologia cristã nesse nível. Parecia uma cena do filme *Yentel*, de Barbara Streisand, de 1983! Embora tenhamos percorrido um longo caminho desde o cenário da jovem judia na Europa Oriental, em 1904, muitos homens e mulheres da igreja de hoje ainda acreditam que tal nível de estudo se aplica apenas aos homens.

No entanto, um número crescente de mulheres está estudando as Escrituras por si mesmas e, mais especificamente, a questão de gênero. Muitas delas simplesmente querem conhecer melhor a Palavra de Deus, tirando proveito das inúmeras ferramentas de estudo antes disponibilizadas apenas para os homens. Outras estão sentindo um claro chamado ao ministério profissional.

Várias delas compartilharam comigo sobre suas jornadas, contando-me sobre alguma "Marta" que conheceram – ou seja, alguma amiga, pessoa da família ou o namorado que lhes disse para voltar ao papel mais tradicional para as mulheres. "Afinal", disseram a elas, "o cérebro dos homens foi projetado por Deus para entender a Bíblia e a teologia melhor do que o das mulheres". Ou, como disse outro colega meu: "Os homens sacrificam os relacionamentos pela verdade, enquanto as mulheres sacrificam a verdade pelos relacionamentos". Verdade seja dita, ambas afirmações são estereótipos lamentáveis e infundados, que colocam pedras de tropeço no caminho das mulheres chamadas por Deus ao ministério.

Em contraste, tive o privilégio de dizer a essas "Marias" contemporâneas que, ainda que permaneçam sensíveis aos conselhos dos outros, elas devem seguir o Mestre de todo o coração, como uma de suas discípulas. Nas palavras de Jesus, "apenas poucas coisas são necessárias – na verdade, apenas uma".

O que Paulo pensa sobre as mulheres como apóstolas?

"Saúdem Andrônico e Júnia, meus parentes que estiveram na prisão comigo. São notáveis entre os apóstolos, e estavam em Cristo antes de mim" (Rm 16:7).

Muitas vezes não percebemos como ideias preconcebidas podem afetar a maneira como lemos uma passagem das Escrituras, embora na realidade saibamos muito bem que não devemos permitir isso, quando pensamos a esse respeito. Por exemplo, quando comecei a estudar a questão de gênero, presumi que apenas homens poderiam ter sido apóstolos na Bíblia. Afinal, Jesus só permitiu que homens fossem membros do seleto grupo dos "Doze". Além disso, essa suposição parecia consistente com o que li em minha New American Standard Bible, que tinha um nome de homem, "Júnias", em Romanos 16:7, em vez de um nome de mulher, "Júnia" (como na minha paráfrase acima, assim como em muitas outras versões). O que está acontecendo aqui?

Vamos começar com a pergunta: "Por que Jesus escolheu doze homens judeus como seu grupo mais íntimo de discípulos?" Sim, a palavra "judeu" ficou de fora da musiquinha que aprendemos. Mas, para sermos minuciosos, precisamos considerar por que havia "doze" e por que todos eram "judeus", além de por que eram todos "homens". Quando todos esses fatos são tomados em conjunto, a resposta se torna clara. Embora a intenção do evangelho fosse alcançar todos os grupos étnicos, ele foi pregado primeiro ao povo de Deus da Antiga Aliança, os judeus (a escrita de Paulo reflete isso em Romanos 1:16; 2:9-10). Com isso em mente, o número doze poderia facilmente representar as doze tribos de

34 Parceiros no casamento e no ministério

Israel, e os homens judeus teriam completado o simbolismo da liderança judaica tradicional. Em outras palavras, além da conveniência de ter pessoas do mesmo gênero viajando juntas em um grupo pequeno e íntimo (algo significativo por si só), Jesus usou o modelo de "doze homens judeus" para dar um bom testemunho para o público judeu que ele buscava alcançar primeiro.

No entanto, isso não significa que damos um salto quântico para insistir que mulheres e gentios sejam excluídos da liderança da igreja (estranhamente, as pessoas muitas vezes assumem que as mulheres devem ser excluídas e que os gentios devem ser incluídos)! Se formos restringir as mulheres, hoje, porque elas não estavam entre os "Doze", então deveríamos permitir que apenas crentes judeus liderassem a igreja e exigir que os conselhos de presbíteros tivessem doze membros. Mas este não é o ponto que os escritores bíblicos estão defendendo. Em lugar disso, Paulo levou os gálatas a irem além do modelo estritamente judaico, a fim de abrangerem uma crescente congregação gentia (como veremos no capítulo 3). Na verdade, Paulo aplica explicitamente o mesmo princípio às mulheres (Gl 3:28).

Ora, o que dizer do uso de "Júnia" *versus* "Júnias" nas saudações de Paulo à igreja em Roma (Rm 16:7)? Bem, quando examinei mais a fundo essa questão, há alguns anos, descobri que o nome feminino "Júnia", que aparece em traduções bíblicas mais recentes, não é fruto dos movimentos femininos modernos dos séculos 19 e 20. Isso fica claro pelo fato de que, já em 1611, a versão "autorizada" King James traduziu no feminino, "Júnia". No entanto, algumas versões que apareceram no século 20 (por exemplo, American Standard Version, New American Standard Bible) trocaram para o masculino, "Júnias". Por quê?

Outra vez me aprofundei e descobri que a maioria dos manuscritos gregos traz "Iounian", que pode ser traduzido pelo feminino "Júnia" ou pelo masculino "Júnias". Alguns manuscritos gregos trazem "Júlia" (outro nome de mulher). Então, como chegar a uma decisão? O fato é que há muitos exemplos em que se usa o nome de mulher, "Júnia", na literatura grega desse período, ao passo que não há nenhum exemplo em que se usa o nome de homem, "Júnias". Com base nisso, e na leitura alternativa do manuscrito com o nome "Júlia", parece muito mais provável que se trate do nome de uma mulher. Felizmente, traduções mais recentes, como a New International Version e a New Living Translation, retornaram a essa tradução anterior e mais precisa. Então, o que Paulo diz sobre a mulher Júnia? Ele declara que ela e Andrônico são "notáveis entre os apóstolos". Júnia não é somente uma apóstola; ela é uma apóstola notável! E o que ela fazia como "apóstola"? A palavra significa, literalmente, "alguém que é enviado" com a mensagem do evangelho. Eles eram como os evangelistas e missionários dos nossos dias, exceto que, no período de formação da igreja primitiva, os apóstolos revestiam-se de mais autoridade. As pessoas da igreja daquela época ainda não tinham cópias das Escrituras para ler – especialmente do Novo Testamento. Assim, os apóstolos pregavam a doutrina correta ao povo, assim como Priscila e Áquila (uma equipe formada por marido e mulher) fizeram com Apolo, em Atos 18:24-26. Além disso, eles o faziam com "autoridade apostólica", como o próprio Paulo frequentemente enfatiza em suas cartas (Rm 1:1; 1Co 1:1; 2Co 1:1; Gl 1:1).

Em síntese, as histórias de Débora, de Maria e de Júnia são representativas de outras mulheres da Bíblia, como as profetisas Miriam (Mq 6:4; Êx 15:20), Hulda (2Rs 22:8-20; 2Cr 34:19-28) e Ana (Lc 2:36-38), bem como as discípulas Joana (a administradora da casa de Herodes), Maria Madalena e Susana, que às vezes até viajavam com os Doze (Lc 8:1-3). Sim, mulheres corajosas foram chamadas para desafiar os pressupostos tradicionais sobre os papéis de gênero por toda a Escritura. Felizmente, muitas irmãs responderam à orientação de Deus para que estudassem, ensinassem e liderassem o povo de Deus ao lado de seus irmãos.

PARA REFLEXÃO E DISCUSSÃO

1. Você já ouviu ou contou alguma "história de luta" que uma mulher enfrentou em sua jornada, por causa do gênero? O que causou isso? Que lições podem ser aprendidas?

2. Existe alguma "Débora" entre vocês que traga a Palavra de Deus com grande coragem (alguma pregadora), ou que tenha dons e sabedoria na administração (uma diaconisa ou presbítera)? O que você e sua igreja poderiam fazer, como se fossem um "Baraque", para incentivá-la?

3. Que passos concretos sua igreja poderia dar para encorajar mais alguma "Maria" que haja entre vocês, alguém que deseja ir mais a fundo em um treinamento para o discipulado e nos estudos da Bíblia e da teologia?

4. Se você é mulher, pode citar algum homem em sua vida que a encorajou no discipulado ou no ministério? O que foi mais significativo para você? Se você é homem, já serviu como a voz de Jesus para apoiar alguma "Maria" em sua vida?

5. Existe alguma "Júnia" em sua congregação – uma missionária, evangelista ou professora – que é "notável" no que faz? Em caso afirmativo, existe algum "Paulo" entre vocês que apoie o trabalho dela publicamente?

6. Você já invocou alguma tradição da igreja ou alguma norma da cultura para "colocar uma mulher de volta em seu lugar"? Ou acaso você é uma mulher que já passou por isso? Como as histórias dessas mulheres da Bíblia podem servir como um corretivo para tais abusos?

3

Abraçando o sermos um na comunidade cristã

Gálatas 3

Como crentes, somos todos filhos de Deus pela fé, independentemente de etnia, condição social ou gênero. Essas antigas divisões não são mais relevantes na igreja de Cristo. Em vez disso, devemos viver como uma comunidade unificada de coerdeiros das promessas de Deus (Gl 3:26-28).

Pense na igreja que você frequenta ou em uma organização cristã com a qual você esteja familiarizado. As questões relativas à etnia, ao status social ou gênero ainda representam um problema? E para você pessoalmente? Você está tendo problemas para separar ideias e pressupostos preconcebidos da verdade bíblica? De que modo nós, como cristãos, devemos responder às mudanças que ocorreram nos últimos dois séculos? Isso tudo às vezes não lhe parece angustiante?

Tenha coragem, nosso Deus é um Deus de esperança! A parceria mútua que Adão e Eva perderam no Éden ainda pode ser restaurada na comunidade cristã genuína. Na verdade, esse é o plano de Deus! Na comunidade da igreja, Deus trata do problema aparentemente insuperável do "doloroso embate" entre mulheres e homens, que surgiu por causa do pecado. Nela, o prometido descendente de Eva (Jesus) esmagou a cabeça da serpente no evento redentor da cruz (Gn 3:15; Gl 4:4). Uma nova era raiou.

38 Parceiros no casamento e no ministério

Em nenhum outro lugar as ramificações desta maravilhosa verdade para as relações de gênero são apresentadas de forma mais clara e direta do que na carta de Paulo às igrejas na província romana da Galácia (atual região central da Turquia). Escrita bem no início de seu ministério (por volta de 48-55 d.C.), a Carta aos Gálatas é quase toda dedicada ao problema da unidade entre crentes judeus e não judeus (ou "gentios"). Em resposta às divisões entre eles, o apóstolo proclama com ousadia: "Não há judeu nem gentio, escravo nem livre – não há homem nem mulher – porque todos vocês são um em Jesus, o Messias" (Gl 3:28).

A proclamação extraordinariamente forte e incondicional de Paulo é impressionante nessa carta, especialmente se você considerar o passado do apóstolo. Paulo era um rabino judeu conservador e um cidadão romano que veio a crer em Jesus como o Messias. Como homem instruído no mundo greco-romano, pode ser que ele conhecesse o louvor de Sócrates aos deuses pagãos por ter nascido humano, em vez de animal; homem, em vez de mulher; e grego em vez de alguém de outra etnia. Como rabino judeu, é quase certo que ele conhecesse a clássica oração talmúdica: "Graças a Deus não sou escravo, nem gentio, nem mulher!"

Pode ser por isso que Paulo amplia o escopo de sua declaração, de modo a incluir escravos e mulheres. Mas qual era o ponto que ele estava defendendo sobre os gentios, para começo de conversa? A chave para entender a declaração de Paulo pode ser encontrada em Gálatas, bem como em sua breve carta a um amigo próximo e proprietário de escravos chamado Filemom.

O que judeus e gentios têm a ver com a questão de gênero?

Tudo! Paulo, um rabino judeu que foi chamado por Deus para ser um apóstolo aos gentios, fornece a seus leitores um paradigma para entender como etnia, status social e gênero devem ser tratados na igreja cristã. Em síntese, o que a morte de Cristo na cruz fez pelos gentios, também o fez por escravos e mulheres na nova comunidade do povo de Deus.

Em Gálatas 1, Paulo argumenta que o pleno evangelho da justificação pela fé foi estendido aos crentes gentios por meio de seu ministério – que se reveste de autoridade apostólica (1:1,6-9,13-19). No capítulo 2, ele deixa claro que os gentios não precisam viver como judeus para serem plenamente incluídos na comunidade da Nova Aliança de Deus, a igreja. Por exemplo, nem mesmo Tito, um grego convertido e colaborador de Paulo, foi obrigado a observar a prática judaica da circuncisão (2:1-5). Em outra ocasião, Paulo chegou a condenar publicamente o apóstolo Pedro (imagine estar presente nesse encontro), bem como outros crentes judeus, por eles terem se recusado a sentar à mesa em comunhão com os crentes gentios (2:11-14). Pode ser que alguém esperasse mais de Pedro, depois de Deus tê-lo levado à casa de Cornélio para testemunhar a impactante conversão daquela família gentia (At 10:1-48)!

Quando comecei a estudar o livro de Gálatas, muitos de meus professores de Bíblia me disseram que Paulo estava preocupado apenas com a forma em que Deus perdoa pecados somente pela graça – quer sejamos judeus, quer não. Eles me garantiram que Gálatas não tinha muito a ver com a nossa forma de viver como igreja de Cristo, depois que nos tornamos crentes.

Outra interpretação das palavras de Paulo veio de nosso filho Brett, quando ele estava na segunda série de uma escola cristã. Sua professora exigiu que os alunos memorizassem vários versículos--chave da Bíblia, entre eles Gálatas 3:28. Certa manhã, enquanto eu levava Brett para a escola, estávamos revisando o versículo que ele deveria memorizar naquela semana. Como ele já tinha decorado bem, resolvi perguntar o que ele achava que aquele versículo significava (professores fazem esse tipo de coisa). Para minha surpresa, ele respondeu sem hesitar: "Ah, a professora já nos disse isso. Significa que um dia seremos todos iguais no céu."

As palavras de Paulo realmente se aplicam apenas ao estágio inicial, quando nos tornamos crentes, ou se aplicam a como nos

40 Parceiros no casamento e no ministério

relacionaremos no céu, um dia? Um olhar mais atento ao livro de Gálatas revelará algo bem diferente. Pense sobre isso por um minuto. Se o apóstolo estivesse preocupado apenas com o modo pelo qual as pessoas inicialmente chegaram à fé em Jesus, então, por que ele usa exemplos sobre circuncisão, observância de datas especiais e comunhão à mesa em relação a gentios que já são crentes? Afinal, os gentios estavam vindo à fé pelo menos desde que uma prostituta cananeia chamada Raabe ajudou Josué na conquista da terra (Js 2:1-21; 6:15-25) e uma mulher moabita chamada Rute se casou com o judeu Boaz (Rt 1–4). Na verdade, essas duas mulheres gentias são citadas como ancestrais de Jesus, o Messias "judeu" (Mt 1:5; Hb 11:31; Tg 2:25)!

Assim, em vez de estar preocupado apenas com o modo pelo qual as pessoas inicialmente chegaram à fé em Jesus, o tema em questão para Paulo, em Gálatas, é o modo de vivermos juntos, como povo de Deus, depois que passamos a crer que Jesus é o Messias. Os crentes gentios podem ignorar os antigos costumes judaicos e ainda assim serem membros respeitáveis da igreja? Afinal, a Lei de Moisés ordena esses costumes.

A resposta de Paulo é direta e prática. Ele declara que todos nós – tanto judeus quanto não judeus – tornamo-nos cristãos pela fé, por meio da graça de Deus. Além disso, a Lei de Moisés foi agora substituída pelo evangelho da graça para todos os que creem, não apenas para os judeus. Todos os cristãos estão unidos em Jesus, o Messias. A ênfase de Paulo aos gálatas é: "Vocês se tornaram um pela fé; agora, vivam dessa forma com os gentios – e, na verdade, até mesmo com escravos e mulheres!"

O que significa ser "um em Jesus, o Messias"?

A circuncisão é bastante comum para meninos recém-nascidos nos nossos tempos. E nem sempre está associada ao povo judeu. No entanto, o costume é antigo e, em determinada época, foi

Abraçando o sermos um na comunidade cristã **41**

especificamente designado por Deus como um sinal de perten-
cer a seu povo escolhido.

A comunidade de crentes, na Nova Aliança que Jesus firmou
com a igreja, é fundamentalmente diferente daquela da Antiga
Aliança feita com a nação de Israel. Sob o antigo acordo, Deus
usou o povo hebreu (mais tarde conhecido como Israel e depois
como judeus) para levar sua mensagem ao mundo. Todos os que
se associassem ao modelo israelita de comunidade tinham
que circuncidar seus filhos, como sinal de seu compromisso com
esse acordo (Gn 17:1-14).

Quando Israel se tornou uma nação, seu povo não deveria se
associar com os que não eram israelitas, os quais viviam ao seu
redor e praticavam religiões pagãs. Esses gentios podiam se juntar a Israel se reconhecessem o único Deus verdadeiro, mas eles
e seus filhos tinham de ser circuncidados, e tinham de abandonar suas práticas pagãs. Isso lhes permitia que vivessem entre os
israelitas, embora não com plenos direitos de cidadania.

A distinção "judeu e gentio" permaneceu ao longo da história
do Antigo Testamento. Os gentios podiam se tornar crentes que
eram totalmente iguais em status espiritual diante de Deus, embora não pudessem viver plenamente esse status com os membros israelitas da comunidade da Antiga Aliança. A circuncisão
era exigida dos crentes gentios, mas eles nem sempre podiam
"sentar-se à mesa" com os crentes judeus.

Quando Deus tornou um em Jesus todos os que creem,
uma mudança radical ocorreu. Sob o modelo da Nova Aliança
(Lc 22:25; 2Co 3:6), a circuncisão foi substituída pela "nova
criação", na qual todos os crentes são reconciliados com Deus
e uns com os outros, através de um renascimento espiritual
(2Co 5:16-21; Jo 3:1-14). O antigo modelo foi revertido, de modo
que a circuncisão não era mais exigida, e todos, na nova comunidade de fé, desfrutavam de plena cidadania. O "Messias" (que
significa "Ungido") dos judeus também fora ungido para ser o
Redentor dos gentios.

No coração do argumento de Paulo em Gálatas está uma comunidade unificada, na qual as antigas e divisivas barreiras do estilo de vida (não da salvação) são derrubadas. Abordando esse mesmo problema em sua carta aos crentes de Éfeso, Paulo diz a eles que Jesus uniu judeus e gentios, ao destruir o muro de inimizade que os separava, com o propósito de fundir os dois grupos em uma nova humanidade que será conhecida como seu corpo, a igreja (Ef 2:14-15). Então, qual é o resultado? Todos os crentes em Jesus têm agora na igreja a plena cidadania – com todos os seus respectivos direitos e privilégios! As velhas barreiras desapareceram.

Há lugar à mesa para escravos e mulheres?

Certa vez, Paulo disse a Filemom, querido amigo e parceiro no ministério cristão: "Pare de tratar seu escravo Onésimo como um escravo. Em vez disso, trate-o como seu irmão no Senhor, pois é isso que ele realmente é" (Fm 17-21).

Além dos gentios, dois outros grupos também estavam entre aqueles que tinham uma "cidadania de segunda classe" sob a Antiga Aliança: os escravos e as mulheres. Os escravos eram normalmente gentios da classe menos favorecida e, portanto, geralmente eram tratados com as mesmas exclusões aplicáveis a outros gentios – só que piores. E as mulheres – mesmo as mulheres israelitas – eram proibidas de participar de certos aspectos da adoração e do serviço no tabernáculo, mesmo as que eram descendentes de Levi. Nem os escravos nem as mulheres desfrutavam dos plenos direitos de cidadania que possuíam os homens israelitas livres.

Sendo assim, o que a carta de Paulo a Filemom tem a dizer sobre isso? Esta carta concentra-se por inteiro na questão da escravidão – mais especificamente em um escravo fugitivo chamado Onésimo –, assim como a Carta aos Gálatas se concentrou quase toda na questão dos gentios. Embora a carta de Paulo assumisse

Abraçando o sermos um na comunidade cristã 43

a forma de uma mensagem pessoal para seu amigo Filemom, ela também deveria ser compartilhada com os crentes locais que se reuniam na casa de Filemom, em uma cidade não muito distante da província da Galácia. Pela lei romana, um escravo fugitivo enfrentava a morte nas mãos de seu dono, se fosse recapturado. Isso torna o "pedido" de Paulo a Filemom, enviado pelas mãos do próprio Onésimo, ainda mais extraordinário. Tendo a igreja na casa de Filemom como testemunha, Paulo conclama este último a tratar Onésimo não mais como escravo, mas como um irmão querido no Senhor (Fm 16). O apóstolo supera a antiga separação entre escravos e senhores, ao apelar para um novo relacionamento entre dois irmãos em Cristo. Mais especificamente, ele instrui aquele que detém poder a abrir mão disso pelo bem do outro, bem como pelo bem do evangelho. A razão era que Deus havia estabelecido um novo modelo de comunidade, a qual incluía gentios e escravos como parceiros plenos dos judeus livres.

Você pode estar pensando a esta altura: "O que há de tão novo nisso tudo? A igreja é praticamente toda gentia nos dias de hoje." Contudo, pare e pense em quão recentemente reconhecemos que escravos e livres devem ser uma só comunidade, tanto na igreja quanto na sociedade em geral. Eu era um adolescente criado na região da Filadélfia, em 1963, quando o dr. Martin Luther King Jr. fez aquele discurso inesquecível: "Eu tenho um sonho"; frequentei uma faculdade no Arkansas (1965-1969), em uma cidade onde os afro-americanos não tinham permissão para se alimentar ou morar. E, há alguns anos, testemunhamos a eleição de Barack Obama como o primeiro presidente afro-americano dos Estados Unidos.

Sim, eu sei que a escravidão racial é, de certa forma, diferente da escravidão econômica a que Paulo se referiu. No entanto, no final, ambos os tipos de escravidão excluem certo grupo de pessoas de serem membros plenamente funcionais de uma

44 Parceiros no casamento e no ministério

comunidade. A igreja levou muito tempo para reconhecer nosso erro em relação à escravidão, embora, para todos os fins práticos, finalmente tenhamos chegado a esse ponto. Infelizmente, porém, ainda não chegamos lá em relação ao gênero.

Assim, é neste ponto que a questão de gênero entra em cena. Colocadas sob a mesma categoria que gentios e escravos, as mulheres eram geralmente excluídas de "sentar-se à mesa" com os homens, nos dias de Paulo. Como Maria de Betânia, esperava-se que elas estivessem servindo na cozinha, e não discutindo questões de maior importância com Jesus e os discípulos. Mas Paulo declarou que a verdade do evangelho muda tudo isso. De fato, ao alterar levemente a estrutura gramatical, Paulo enfatiza com mais veemência a parte de Gálatas 3:28 que diz "Não há [...] homem nem mulher". É como se ele dissesse: "Sim, até as mulheres são bem-vindas à mesa!"

Diante de uma afirmação tão clara como essa, por que as questões de etnia, de status social e de gênero ainda são um problema nas igrejas de hoje – especialmente a questão de gênero? Muitas igrejas de hoje ainda relutam em abraçar esse ser um em Cristo e em receber mulheres à mesa da comunhão junto com os homens. Alguns diriam que, mais tarde, nos escritos de Paulo, ele faz alguns comentários restritivos sobre as mulheres que limitam significativamente essa sua declaração aqui em Gálatas. Vamos ver se esse é realmente o caso, quando examinarmos essas passagens nos capítulos a seguir. Quando fiz isso pela primeira vez, fiquei surpreso com o que encontrei – e ainda mais com o que não encontrei.

Contudo, por enquanto, podemos reconhecer que, em sua Carta aos Gálatas, Paulo não restringe a inclusão das mulheres como membros plenamente funcionais da comunidade da Nova Aliança? Gentios e escravos são bem-vindos nas igrejas de hoje, em todos os níveis de participação, sem restrição – por que as mulheres não são?

PARA REFLEXÃO E DISCUSSÃO

1. A questão do privilégio ou da discriminação com base na origem étnica ainda é um problema em muitas igrejas. O que sua igreja pode aprimorar para remover essas barreiras? Você está disposto a se envolver nisso?

2. Você consegue se lembrar de 4 de abril de 1968 (ou pode refletir sobre essa data), quando Martin Luther King Jr. foi assassinado? Como a sua atitude (ou como as atitudes das pessoas em geral) em relação à discriminação racial mudaram desde então? O que trouxe essa mudança?

3. A escravidão na Bíblia era principalmente relacionada ao status social (e não à etnia). Como a questão do status social é encarada em sua igreja ou em seu trabalho? Que passo você pode dar para trazer mudanças positivas em relação a isso?

4. Quando Paulo fez sua notável declaração em Gálatas 3:28, ele não a restringiu. Por que geralmente somos tão rápidos em restringir à metade da igreja esta declaração inclusiva?

5. Certamente, foi difícil para Filemom superar sua "história" com seu escravo Onésimo (e vice-versa). O que você traz do passado que o faz relutar em admitir as mulheres como iguais na comunidade cristã? Como você poderia superar isso?

6. Você acredita que há outras passagens na Bíblia que estão em tensão com Gálatas 3:28 ou que restringem esse versículo? Em caso positivo, quais são essas passagens e como isso acontece? Procure ser específico.

Princípios para hoje

Você acabou de passar por uma jornada em alta velocidade pela história bíblica, desde a boa criação de todas as coisas por Deus, no início do Antigo Testamento, até o grande ato redentor de amor praticado por Jesus, no Novo Testamento. Vamos revisar o que descobrimos, e depois vamos aplicar os princípios que aprendemos à nossa vida como cristãos.

No capítulo 1, aprendemos que Deus criou a humanidade à imagem divina, como homem e mulher, e nos chamou para governar o mundo, juntos. O *design* e o mandato da criação revelam uma parceria compartilhada entre pessoas que são semelhantes, embora cada uma delas possua diferenças benéficas (Gn 1). O exemplo de Adão e Eva como ajudadores que correspondem um ao outro, o equilíbrio das ordens de criação e de procriação, bem como a reunião dos dois que foram separados na criação (Gn 2), tudo isso reforça essa compreensão do *design*. Tomados em conjunto, os relatos da Criação pintam um belo retrato da mutualidade que não se contaminou pelo domínio do patriarcado.

Tragicamente, o relacionamento do primeiro casal foi prejudicado por seu fracasso em viver em harmonia um com o outro e com Deus (Gn 3). Por causa disso, eles experimentariam uma labuta dolorosa em suas vidas individuais e uma disputa pelo poder entre si. No final, o patriarcado substituiria a parceria mútua como uma triste distorção da boa intenção de Deus para a humanidade. Somente a promessa de que o descendente de Eva um dia esmagaria a cabeça da Serpente sustentaria a esperança de redenção.

No capítulo 2, analisamos os exemplos de três mulheres corajosas das Escrituras: Débora, Maria e Júnia. Elas representam muitas outras mulheres na narrativa bíblica que correram riscos por Deus. Débora propiciou uma liderança corajosa para Israel, durante uma era sombria e difícil, em que atuou como juíza, profetisa e comandante militar (Jz 4 e 5). Maria de Betânia foi uma discípula dedicada de Jesus Cristo (Lc 10). Como muitas outras mulheres de sua época, ela escolheu seguir o Mestre naquilo que realmente importa. E Paulo, o grande apóstolo, reconheceu Júnia de Roma como uma das mais notáveis apóstolas que ele conheceu (Rm 16). Ela e muitas outras mulheres cristãs piedosas trabalharam juntas, lado a lado com seus irmãos em Cristo, como líderes da igreja primitiva. Assim como a mulher sábia de Provérbios 31, essas mulheres de caráter forte nos são apresentadas nas Escrituras para encorajar as mulheres de hoje a ousarem ser tudo o que Deus quer que elas sejam.

No capítulo 3, consideramos a mudança radical que ocorreu com a vinda de Jesus, o Messias, e a formação de uma nova comunidade do povo de Deus, a igreja. Em Cristo, barreiras tradicionais como etnia (que vê o judeu acima do gentio), status social (que vê a pessoa livre acima do escravo) e gênero (que vê o homem acima da mulher) foram consideradas irrelevantes tanto para a fé quanto para a prática. Sob a Nova Aliança, os cristãos são chamados a abraçar o "ser um em Cristo" permanecendo firmes nessa liberdade. De fato, devemos receber de braços abertos, plenamente, todos os crentes em nossa comunhão, tanto em palavras quanto em ações, sem discriminação.

A Bíblia é a Palavra de Deus para nós, que nos foi dada para que possamos viver sob sua autoridade. Isso significa que temos a obrigação de discernir os princípios duradouros que ela ensina e aplicá-los em nossa vida. Portanto, façamos exatamente isso.

48 Parceiros no casamento e no ministério

Em primeiro lugar, a unidade e a diversidade – ou seja, a mutualidade – de homens e mulheres, aspectos tão evidentes na Criação, fornecem um modelo para todos os relacionamentos humanos. Deus nos projetou para vivermos uns com os outros como parceiros ou ajudadores que correspondem um ao outro. Embora um casal tenha sido usado como primeiro modelo para isso, o princípio geral da parceria não se limita ao casamento. Devemos celebrar nossa unidade como seres humanos e nossa diversidade como homem e mulher em todos os nossos relacionamentos. Na verdade, a maioria das parcerias é formada tanto pelo que temos em comum quanto pelo que cada indivíduo pode trazer para a união.

Em segundo lugar, o patriarcado apareceu pela primeira vez na história nas palavras de juízo de Deus para Eva – muito embora seus efeitos duradouros ainda estejam entre nós. No entanto, a boa notícia é que Jesus veio para nos livrar desse juízo! Todos concordamos que é bom trabalhar por um mundo livre de lutas dolorosas, que vão desde coisas tão simples quanto ervas daninhas no jardim a algo tão significativo quanto complicações no parto. A fim de sermos consistentes, contudo, devemos reconhecer que também é bom trabalhar por um mundo que substitua o domínio masculino pela parceria mútua.

Terceiro, Deus escolheu, capacitou com seu poder e abençoou grandes mulheres que são líderes na Bíblia, que romperam com os estereótipos femininos de sua época para servirem ao Deus que as chamou. Será que buscaremos ativamente o conselho de mulheres sábias como Débora, quando enfrentarmos decisões difíceis em nossas igrejas nos dias de hoje? E, quando alguém semelhante a ela se dirigir à nossa congregação, será que responderemos com fé e obediência como Baraque? Quando contarmos sobre o trabalho dos grandes apóstolos das Escrituras que lançaram os fundamentos da igreja, será que honraremos Júnia, como Paulo fez? E, quando pensarmos em enviar nossos

Princípios para hoje **49**

melhores jovens para a pós-graduação em Bíblia e teologia, será que apoiaremos plenamente aquelas mulheres que desejam seguir o Mestre como Maria de Betânia? Devemos responder afirmativamente a essas perguntas desafiadoras. Não é mais hora de os evangélicos ficarem calados!

Por fim, Jesus Cristo, o descendente de Eva prometido em Gênesis 3:16, veio – na verdade, veio há mais de dois mil anos! Além disso, sua vinda estabeleceu a igreja, a nova comunidade do povo de Deus na qual as barreiras de etnia, status social e gênero se tornaram irrelevantes. Você não acha que já é hora de abraçarmos mais plenamente esse precioso dom de sermos um em Cristo? Este é o tempo para permanecermos firmes na verdade do pleno evangelho da graça, bem como na liberdade para a qual Cristo nos libertou. Devemos ir além e passar do patriarcado para a parceria, da lei para a graça, do Éden para uma nova criação! Celebremos em atos e palavras o bom caráter da mutualidade, esse desígnio da criação de Deus, bem como a vida de mulheres piedosas das Escrituras, as quais compartilharam a liderança espiritual com seus irmãos – e de fato colocaram em prática o ser um na comunidade cristã!

Parceiros no casamento

4

Submetendo-se uns aos outros em amor

1Coríntios 7

> Estejam atentos às necessidades sexuais de seu cônjuge – tanto os maridos quanto as mulheres. Ambos devem ceder ao outro a autoridade que têm sobre seu próprio corpo. E não negligenciem um ao outro, exceto por consentimento mútuo e para se dedicarem a um curto período de oração (1Co 7:1-6).

O medo nos impede de ceder ao cônjuge a noção que temos do nosso senso de autoridade? Às vezes, a resposta é "sim", e por um bom motivo. É quase certo que você tenha, ou conheça alguém que tenha, uma história triste para contar, na qual esse ceder a autoridade por parte de um dos cônjuges resultou no controle da autoridade por parte do outro. Talvez alguns de vocês tenham optado por não se casar por causa desse medo.

Relacionamentos íntimos carregam consigo um grande risco. Como diz o velho ditado, é por isso que "não devemos encarar o casamento de forma leviana ou imprudente, mas no temor do Senhor".

Nenhum texto bíblico aborda a questão da parceria mútua no casamento de maneira mais equilibrada e abrangente do que 1Coríntios 7:1-40. No entanto, também nenhum texto bíblico foi mais negligenciado nos escritos contemporâneos sobre a questão de gênero. Vamos tentar ajudar a corrigir esse erro!

Neste capítulo, Paulo responde a uma carta que os crentes de Corinto lhe haviam enviado anteriormente. Embora não saibamos exatamente quais foram as perguntas deles na carta, ainda assim podemos aprender muito com as respostas do apóstolo. Em sua resposta, Paulo corrige a visão distorcida de casamento, que era mantida naquela igreja por muitos que acreditavam estar vivendo os últimos dias e que, por isso, deveriam se abster do casamento – ou, ao menos, do sexo no contexto do casamento. O fio que une todas as diversas questões tratadas neste capítulo é a mutualidade. Nele, Paulo tem o cuidado de abordar homens e mulheres, de maneira imparcial, em nada menos que doze áreas. Esta seção é mais longa e mais abrangente do que qualquer outra passagem sobre o casamento nas Escrituras – na verdade, mais do que todos os "textos bíblicos que tratam de gênero" combinados!

Antes de discutirmos apenas algumas das questões levantadas por Paulo, observe a simetria deliberada em suas palavras sobre a questão da mutualidade no que se refere ao casamento – ou à escolha de não se casar. O rol na lista a seguir é quase avassalador.

1. Fidelidade no casamento (1Co 7:2)

Cada homem deve ter intimidade sexual com a própria esposa, e cada mulher deve ter intimidade sexual com o próprio marido.

2. Direitos do cônjuge (1Co 7:3)

O marido deve cumprir seu dever conjugal para com a esposa; da mesma forma também a esposa para com o marido.

3. Cessão da autoridade (1Co 7:4)

A esposa não tem autoridade sobre o próprio corpo, mas a cede ao marido. Da mesma forma, o marido não tem autoridade sobre o próprio corpo, mas a cede à esposa.

4. Consentimento para a abstinência (1Co 7:5-6)

Não se recusem um ao outro, exceto talvez por consentimento mútuo e por um tempo, para que vocês possam se dedicar à oração.

5. Perda de um cônjuge por morte (1Co 7:8-9)

Ora, aos solteiros [viúvos] e às viúvas digo: É bom que permaneçam solteiros como eu. Mas, se não conseguem se controlar, devem se casar.

6. Pedido para divorciar-se de um crente (1Co 7:10-11)

A esposa não deve se separar do marido (mas, se o fizer, deve permanecer solteira ou então se reconciliar com o marido); e o marido não deve se divorciar de sua esposa.

7. Pedido para divorciar-se de um descrente (1Co 7:12-13)

Se um irmão tem uma esposa que não é crente, e ela está disposta a viver com ele, não deve se divorciar dela. E se uma mulher tem um marido que não é crente, e ele está disposto a viver com ela, não deve se divorciar dele.

8. Santificação do cônjuge descrente (1Co 7:14)

O marido descrente é santificado por meio de sua esposa, e a esposa descrente é santificada por meio de seu marido crente.

9. Responsabilidade quando um cônjuge descrente se separa (1Co 7:15)

Mas, se o descrente se separar, que assim seja. O irmão ou irmã não fica vinculado em tais circunstâncias; Deus nos chamou para vivermos em paz.

10. Salvação de um cônjuge descrente (1Co 7:16)

Como você sabe, esposa, se salvará seu marido? Ou, como sabe, marido, se você salvará sua esposa?

11. Mudança de status (1Co 7:26-28a)

Por causa dos problemas atuais, acho bom o homem permanecer como está. Você está comprometido com uma mulher? Não procure separar-se. Você está livre de tal compromisso? Não procure uma esposa. Mas, se você se casar, não comete pecado; e, se uma virgem se casar, ela não comete pecado.

12. Devoção ao ministério (1Co 7:28b,32,34)

Aqueles que se casarem enfrentarão muitos problemas nesta vida, e eu quero poupá-los disso. [...] O homem solteiro concentra-se no Senhor, em agradar ao Senhor. [...] A mulher solteira ou virgem concentra-se no Senhor, para ser santa no corpo e no espírito.

Qual cônjuge tem autoridade no casamento?

Se você é casado, quantas vezes já discordou de seu cônjuge sobre algo relacionado à intimidade sexual? Está certo, não precisa dizer nada em voz alta. Mas sejamos francos: essa é uma realidade difícil na maioria dos casamentos e é até mesmo um fator que causa o fracasso de muitos relacionamentos conjugais. Em qualquer casamento, é provável que um dos cônjuges tenha um desejo sexual mais intenso do que o outro. Além do mais, essa questão pode se inverter com o passar do tempo, por vários motivos, gerando uma transição desafiadora para a meia-idade, no caso de muitos casais.

Felizmente, o apóstolo Paulo aborda de frente a intimidade sexual no casamento, já nas quatro primeiras de suas doze declarações sobre a mutualidade (1Co 7:2-5). Nesses versículos, Paulo está preocupado com o fato de que o desejo não satisfeito de um indivíduo por intimidade sexual possa levar à busca de uma solução em um caso extraconjugal. Embora o termo não seja popular na sociedade contemporânea, a Bíblia chama isso de "imoralidade". Portanto, ele encoraja pessoas que tenham desejo sexual intenso a encontrarem um parceiro adequado e se casarem e aconselha quem já é casado a ser sensível ao desejo sexual de seu cônjuge.

Embora Paulo tenha optado por permanecer solteiro, para se dedicar mais plenamente ao chamado do Senhor em sua vida, ele permite que outros crentes tenham a liberdade de desfrutar plenamente da dádiva divina do casamento. Além disso, ele declara que nenhum dos cônjuges deve exercer autoridade sobre o outro no que se refere ao aspecto mais íntimo do casamento. Em vez disso, cada um deve ceder sua autoridade àquele com quem compartilha o gracioso dom divino da vida. Além disso, eles devem desfrutar do prazer da intimidade sexual no casamento com frequência – sim, com frequência –, embora não se trate de exigir seus direitos. Na verdade, abster-se de sexo por longos períodos de tempo – mesmo que seja para orar – é algo que só deve ser feito por consentimento mútuo e por um tempo relativamente curto.

Nunca é demais enfatizar aqui a importância das palavras de Paulo. Esta passagem de 1Coríntios 7:2-34 é o único lugar na Bíblia em que a palavra "autoridade" é usada em relação ao casamento. Sim, isso mesmo, o único lugar! O ponto é que nenhum dos cônjuges tem autoridade sobre seu corpo; em vez disso, cada um deve ceder esse direito ao outro. Isso é coerente com as palavras de Paulo a Filemom, a respeito de seu escravo Onésimo. Aquele que tinha autoridade (neste caso, o senhor de escravos) foi instruído a abrir mão dela – ou seja, a parar de tratar o escravo como um escravo, e, em vez disso, passar a tratá-lo como um irmão (Fm 16).

Além disso, descobriremos no próximo capítulo deste livro que esse era um padrão para Paulo. Ele nunca chama gentios, escravos ou mulheres a se levantarem e exigirem seus direitos. Em vez disso, ele chama judeus, senhores de escravos e homens a deixarem de lado sua suposta autoridade ou privilégio e a tratarem gentios, escravos e mulheres como parceiros no evangelho em pé de igualdade. Vocês estão ouvindo, homens? O exemplo para Paulo é o próprio Jesus:

Submetendo-se uns aos outros em amor   57

Em seus relacionamentos uns com os outros, tenham a mesma atitude que Jesus teve. Embora sendo igual a Deus, ele abriu mão livremente dessa vantagem e tornou-se mortal como nós – até mesmo um humilde servo, disposto a morrer por nossos pecados (Fp 2:5-8).

Infelizmente, uma ressalva extremamente importante deve ser acrescentada. Embora Paulo chame tanto escravos quanto esposas a se submeterem, ele nunca diz a eles para permanecerem em um relacionamento abusivo. Alguns diriam que Paulo não aborda essa questão diretamente – e isso é verdade. No entanto, no contexto em que a Bíblia silencia, devemos seguir o exemplo gracioso e compassivo de Jesus para com aqueles que eram oprimidos na sociedade de sua época. Na verdade, a virtude de proteger grupos de pessoas marginalizadas e oprimidas é claramente ensinada tanto no Antigo quanto no Novo Testamentos (por exemplo, Jó 31:16; Is 10:2; Zc 7:10; Tg 1:27).

E o que dizer sobre a separação e o divórcio?

Cerca da metade dos casamentos nas sociedades ocidentais terminam em separação ou em divórcio – sim, até mesmo muitos casamentos de cristãos. Cresci em uma família extensa na qual o divórcio era bastante comum. É somente pela graça de Deus que minha esposa, Pat, e eu conseguimos encontrar nosso caminho, ao longo de vários anos de profunda luta que poderia facilmente ter nos levado ao mesmo fim. Como o personagem errante "Cristão", na obra *O Peregrino*, de John Bunyan, sabemos que em nosso casamento de mais de quarenta anos ainda devemos optar diariamente por "andar no caminho" ou sofrer as trágicas consequências.

Como seres mortais, porém, às vezes nos desviamos do caminho. É por isso que o divórcio, embora nunca seja encorajado na Bíblia, é permitido – ainda que apenas nas circunstâncias mais severas. Vejamos primeiro o pano de fundo do Antigo Testamento, dos Evangelhos e depois as palavras de Paulo aos coríntios.

58 Parceiros no casamento e no ministério

Em Mateus 19:1-9, Jesus diz aos líderes religiosos de sua época que o divórcio foi originariamente permitido por Moisés por causa da dureza do coração humano e que deveria ser permitido apenas em casos extremos como o adultério (19:8). Isso repercute a declaração do profeta Malaquias de que "Deus odeia o divórcio" (Ml 2:16). Portanto, o princípio geral é evitar a separação e o divórcio, sempre que possível.

A única outra exceção digna de nota está em Esdras, o escriba que diz aos judeus que se casaram com mulheres descrentes, durante o cativeiro babilônico, que se divorciem delas (Ed 10:11). Casar-se com alguém de "fora da fé" sempre foi um problema sério ao longo da história de Israel – o exemplo mais famoso é o de Salomão, cujas esposas pagãs realmente desviaram seu coração de seguir o único Deus verdadeiro (1Rs 11:1-6).

Mas o que tudo isso tem a ver com 1Coríntios 7:10-16? Aqui, Paulo fornece uma regra geral, formulada em termos cuidadosamente equilibrados, no sentido de que homens e mulheres não devem se separar nem se divorciar de seus cônjuges (v. 10-13). Mesmo quando o cônjuge ainda não for crente, Paulo aconselha tanto as mulheres quanto os homens a "permanecerem casados", a fim de serem uma influência positiva sobre seus cônjuges e filhos (v. 14,16).

No entanto, o apóstolo, então, equilibra sua instrução com palavras de graça, afirmando que Deus deseja paz em circunstâncias que estão além de nosso controle (v. 15). Acredito com convicção que a graça demonstrada nesta passagem permite que mulheres que sofrem em relacionamentos com homens abusivos (ou vice-versa) tomem as medidas necessárias para trazer paz à sua vida e à vida de seus filhos – mesmo que isso signifique, como último recurso, a separação ou o divórcio.

Dito isto, não subestime o impacto positivo que uma esposa ou um marido crente pode ter sobre seu cônjuge, ao permanecer casado. Ambos podem ser uma "influência santificadora" para aquele que ainda não crê. Em outras palavras, o crente pode proporcionar uma atmosfera de benefício espiritual para o descrente, bem como para seus filhos. Além disso, Paulo pergunta de forma retórica: "Quem sabe se o incrédulo não acabará por chegar à salvação" como resultado do testemunho do parceiro crente? É significativo o fato de que a decisão de ficar ou de partir, bem como os benefícios santificadores ou salvíficos proporcionados pelo parceiro crente, podem funcionar nos dois sentidos: seja do marido para a esposa, seja da esposa para o marido. Como sempre vemos em Paulo, o relacionamento matrimonial deve ser de parceria mútua.

É melhor ficar solteiro?

Nos meus tempos de segundo grau (no início dos anos 1960), esperávamos nos casar pouco depois da formatura. Além disso, um homem ou uma mulher que decidisse não se casar era visto com pena ou desconfiança. Infelizmente, pensávamos: "Ele provavelmente será um solteirão para sempre", ou: "Ela pode morrer solteirona". Poderíamos até ser tentados a presumir que tivéssemos algumas "habilidades casamenteiras", bem como o privilégio de empregá-las. Com exceção de padres e freiras, naquela época a maioria das pessoas não via o fato de permanecer solteiro de forma positiva.

Hoje, as coisas são um pouco diferentes. As pessoas normalmente adiam o casamento até que tenham "30 e poucos anos" e estejam com uma carreira bem estabelecida. Casar ou ficar solteiro são opções consideradas válidas.

Que conselho a Bíblia dá a respeito desse assunto?

Quando Jesus revelou sua decisão estrita sobre o divórcio (Mt 19:10), seus discípulos responderam: "Bem, supomos que é melhor não se casar!" Para surpresa deles, Jesus admitiu essa opção porque sabia que alguns não conseguiriam lidar com o

60 Parceiros no casamento e no ministério

compromisso exigido para um casamento duradouro (v. 11-12). Ele disse, na verdade: "Se você não está pronto para o compromisso, então não o assuma!" Paulo vai ainda mais longe, ao defender a solteirice como uma virtude. Ao longo de 1Coríntios 7:1-40, ele reafirma seus benefícios. Começa dizendo que é bom para homens ou mulheres (claramente, neste contexto, para alguém que não fosse casado) não serem sexualmente ativos (v. 1). Em outras palavras, permanecer solteiro é aceitável – na verdade, é bom! Além disso, ele expressa sua preferência pessoal de que todos os seus leitores tivessem o dom do celibato, assim como ele (v. 6-7), aconselhando aqueles que ainda não estão comprometidos com o casamento a considerarem a possibilidade de permanecerem solteiros (v. 27). Ele explica que ser solteiro libera um homem ou uma mulher para um maior compromisso de servir a Cristo e à igreja, porque eles não se distraem com as obrigações do casamento (v. 32-35,40).

Paulo acrescenta uma ressalva a esta instrução. Se alguém que é solteiro decidir se casar, deve se casar com outra pessoa que seja crente (v. 39). Ele reforça isso em sua Segunda Carta aos Coríntios, dizendo que os crentes não devem se casar com descrentes (2Co 6:14) por causa da tentação de se afastar da fé (v. 14-18). Sem dúvida, ele se lembrava do exemplo trágico de Israel durante a época de Esdras, o qual discutimos anteriormente.

Portanto, neste capítulo Paulo aborda as questões relativas à autoridade no casamento, à separação, ao divórcio, à solteirice e ao casamento com alguém que ainda não é crente. E em cada uma dessas áreas, ele reafirma enfaticamente um senso igual de mutualidade entre homens e mulheres – sim, e o faz doze vezes em um capítulo! A ideia da igualdade de gênero, dentro e fora do casamento, não começou com os movimentos de mulheres dos séculos 19 e 20. Pelo contrário, o apóstolo Paulo já pregava esta mensagem há quase dois mil anos.

PARA REFLEXÃO E DISCUSSÃO

1. Se vocês são casados – ou estão em um relacionamento que caminha para essa direção –, com que frequência discutiram sobre quem deveria estar no comando? Como poderiam reformular essas discussões de modo a cederem autoridade mutuamente em vez de a controlarem?

2. Quando você discute a questão de gênero com alguém, sente medo de defender a igualdade e a mutualidade por causa do que alguém possa pensar? Por quê? A afirmação que Paulo faz desses ideais lhe dá mais confiança?

3. A vivência da intimidade sexual em seu casamento está aquém das suas expectativas ou das expectativas de seu cônjuge? O que você (e não seu cônjuge) pode fazer para praticar melhor o princípio bíblico de "abrir mão de seus direitos"?

4. Como o divórcio afetou você e sua igreja? O que você pode fazer para encorajar outras pessoas a considerarem essa opção apenas nas circunstâncias mais extremas? Como você pode mostrar mais compaixão e perdão a outras pessoas que falharam ou sofreram com isso?

5. Se você é solteiro, como seus amigos e familiares reagem a isso? Como o fato de ser solteiro liberta você, dando-lhe mais tempo para servir a Cristo e à igreja? Que responsabilidades exclusivas acompanham o estado de solteiro?

6. Embora Deus tenha criado a intimidade sexual para o casamento, tornou-se popular hoje em dia ser sexualmente ativo antes do casamento. Se isso for verdade no seu caso, você estaria disposto a deixar isso para trás, escolher a abstinência ou assumir um compromisso de casamento fiel?

7. Se você é casado com um descrente, como poderia agir melhor de modo a conduzir seu cônjuge à fé? O que você poderia fazer para ajudar seus filhos a escolherem esse caminho? Se você está pensando em se casar, está disposto a compartilhar do casamento apenas com outro crente?

5

Amando e servindo
uns aos outros

Efésios 5

Encham-se do Espírito de Deus, submetendo-se uns aos outros em
temor a Cristo – esposas, a seu próprio marido, como ao Senhor.
Maridos, amem sua esposa como Cristo, o cabeça de seu corpo, a
igreja, amou e morreu por ela (Ef 5:18, 21-33).

Lembro-me de ter ouvido, muitas vezes, um pastor dizer a uma noiva: "Deus quer que você se submeta a seu marido, obedecendo-lhe
em tudo". Então, ele se voltava para o noivo e dizia: "E Deus quer
que você seja o líder espiritual de sua esposa e tome as decisões
finais em seu casamento, quando necessário. Como cabeça da casa,
você agora é responsável diante de Deus por você e por sua esposa."

Embora houvesse alguma verdade nas palavras do pastor,
descobri com o tempo que ele havia enfeitado o texto bíblico um
pouco – na verdade, bastante! Vamos examinar juntos o texto de
Efésios e ver exatamente o que ele diz – e o que não diz!

"Mútuo" significa o que eu acho que significa?

Efésios 5:21-33 é, sem sombra de dúvida, a mais citada – e mal
interpretada – porção das Escrituras a respeito de como um
homem e uma mulher devem se relacionar no casamento. No
entanto, às vezes perdemos seu pleno significado porque dei-
xamos de levar em conta seu contexto. Considerar o contexto é

Amando e servindo uns aos outros   63

uma das regras mais importantes de interpretação de qualquer tipo de literatura, incluindo a Bíblia. Nesse caso, tem a ver com o ponto de onde iniciamos nossa leitura, ou seja, o ponto onde começa o parágrafo ou a unidade de pensamento. Visto que os manuscritos gregos originais nem sempre incluíam tais divisões de texto, há diferenças de opinião sobre se o novo pensamento começa com o versículo 21 ou 22. Como decidir? Felizmente, a gramática do versículo 22 fornece uma pista. Nas coleções mais antigas e confiáveis de manuscritos gregos do Novo Testamento (edições Nestlé-Aland e da United Bible Society), esse versículo não contém nenhum verbo. Apesar desse fato, praticamente todas as traduções modernas para o inglês[2] inserem um verbo. Mas, ao fazerem isso, elas devem tomar emprestado a noção verbal de "submetendo-se", do versículo anterior. Na verdade, o que se deve é olhar para a ordem de Paulo, no final do versículo 18, "Encham-se do Espírito!", para encontrar a declaração fundamental para a sentença única nos versículos 21 e 22.

Para aqueles de nós que não são gramáticos, isso significa simplesmente que a ideia de "submetendo-se uns aos outros" como crentes – incluindo a ideia das esposas em relação a seus próprios maridos – é apenas uma parte do que Paulo pretende dizer com encham-se do Espírito de Deus. Assim, uma tradução literal de Efésios 5:18b,21-22 seria: "Encham-se do Espírito [...] submetendo-se uns aos outros em temor a Cristo – mulheres, a seus próprios maridos, como ao Senhor".

Dois pontos estão claros: (1) a submissão de uma mulher ao seu próprio marido, no casamento, é apenas um lado da submissão mútua que Deus exige de ambos os parceiros; (2), a submissão mútua de marido e mulher é uma expressão de estar cheio do Espírito de Deus.

---

2   O mesmo acontece com a maioria das traduções para o português também (N. da T.).

64 Parceiros no casamento e no ministério

O chamado de Paulo aos crentes de Éfeso, "submetendo-se uns aos outros", é semelhante às doze declarações de mutualidade no casamento, que ele fez aos coríntios (1Co 7; passagem que analisamos no capítulo 4), bem como a muitas outras declarações do tipo "uns aos outros", presentes em suas cartas. Considere cuidadosamente esta lista exemplificativa:

Romanos

12:5 Estejam unidos uns aos outros em um só corpo.

12:10 Sejam gentis e honrem uns aos outros.

12:16 Demonstrem humildade uns para com os outros.

14:13 Não julguem uns aos outros.

14:19 Fortaleçam uns aos outros.

15:5 Tenham uma atitude semelhante à de Cristo uns para com os outros.

15:7 Aceitem-se uns aos outros.

15:14 Exortem uns aos outros.

16:16 Saúdem uns aos outros com afeição.

1Coríntios

12:25 Tenham cuidado uns pelos outros.

Gálatas

5:13 Sirvam uns aos outros.

6:2 Levem os fardos uns dos outros.

Efésios

4:2 Suportem uns aos outros.

4:25 Falem a verdade uns aos outros.

4:32 Perdoem-se mutuamente.

5:21 Sujeitem-se uns aos outros.

1 Tessalonicenses

3:12 Que abunde o amor que vocês têm uns para com os outros.

4:18 Consolem-se uns aos outros

Você acha seguro dizer que a mutualidade entre os crentes, na comunidade cristã, é um tema central nos escritos de Paulo? Claro que é! Em Efésios, a submissão mútua dos que estão cheios do Espírito é o princípio geral (5:18, 21), que é, então, aplicado de maneiras ligeiramente diferentes a esposas e maridos, no relacionamento matrimonial (5:22-33).

Então, sim, "mútuo" significa o que você pensa que significa! Na igreja, significa servir humildemente aos outros em vez de buscar nossos próprios direitos. No casamento, carrega a conotação de submeter-se um ao outro de uma forma que beneficie ambos os parceiros e não prejudique nenhum dos dois. É verdadeiramente um modelo de relação "ganha-ganha", tanto para o casamento quanto para o ministério!

"Submissão" significa que ele está no comando?

Os membros do corpo docente da escola de teologia em que leciono costumam entabular discussões acadêmicas enquanto tomam uma xícara de café. Minha esposa acha que temos um jeito de ser meio *nerd*, um tanto incapazes de falar sobre a "vida real". E muitas vezes ela está certa. Mas, em um caso, ambos os objetivos foram alcançados.

Há alguns anos, um ex-professor do seminário que hoje é meu colega estava discutindo comigo o significado do termo grego traduzido em Efésios 5:2,24 por "sujeitem-se". Além desse ponto, estávamos questionando como esse imperativo deveria impactar nossos casamentos. Até hoje ainda me lembro de seu comentário. Ele disse com bastante confiança: "Quando Deus chama especificamente as esposas para se sujeitarem a seus maridos, isso implica que os maridos têm autoridade sobre suas esposas".

66   Parceiros no casamento e no ministério

Mas, depois de pensar um pouco mais, parecia que tal suposição contrariava o apelo de Paulo para nos sujeitarmos "uns aos outros", nesse mesmo texto. Encorajar ambos os parceiros a praticarem a submissão mútua não pode ser logicamente interpretado com o significado de que, no final, um deve estar no comando do outro. Pelo contrário, é mais parecido com o que vimos no capítulo 7 de 1Coríntios, em que Paulo explicitamente chamou esposas e maridos a cederem autoridade um ao outro "da mesma forma" (1Co 7:4). Nesses textos, ceder a autoridade e sujeitar-se são sinônimos, para todos os fins práticos. Nenhuma dessas ações investe automaticamente o outro parceiro em posição de autoridade.

Por exemplo, alguns colegas meus decidiram compartilhar as responsabilidades pastorais de uma igreja local que fica perto da nossa escola. Nesse tipo de estrutura de liderança, não existe um "pastor sênior" (que, aliás, não tem tanta autoridade assim quanto se pensa). Em vez disso, eles rotineiramente submetem-se uns aos outros, formando parcerias para pastorear seu rebanho como verdadeiros pastores "associados".

Da mesma forma, em 1970, Pat, minha esposa, e eu começamos um negócio como fotógrafos de casamento para ajudar a pagar meus estudos de pós-graduação. Como começar o negócio foi ideia minha, eu poderia ter exigido o direito de ser o "sócio sênior". Em vez disso, decidimos trabalhar juntos como parceiros, em pé de igualdade, em um contexto no qual cada um de nós se submetia voluntariamente ao outro. E funcionou muito bem, durante as duas décadas em que administramos o negócio!

Por sua própria natureza, a submissão mútua não coloca uma pessoa no comando de outra. Pelo contrário, ela chama cada parceiro a abrir mão de seus próprios direitos e a se submeter voluntariamente um ao outro, como um serviço a Cristo. É uma forma de ambos, esposa e marido, demonstrarem que são seguidores de Jesus, que um dia renunciou à sua autoridade para servir e se

Amando e servindo uns aos outros **67**

sacrificar pela igreja (Fp 2:5-8; Mt 20:28). É por isso que a esposa é chamada a ceder "em temor a Cristo" (Ef 5:21) e "assim como a igreja está sujeita a Cristo" (5:24), e os escravos são chamados a se submeter "como ao Senhor" (6:7). É um ato voluntário de submissão em amor, a maneira de a esposa cumprir sua parte do imperativo da submissão mútua no início desta passagem.

Mas você pode se perguntar: e o marido? Como ele obedece ao chamado à submissão mútua? E por que Paulo o chama de "cabeça"?

Será que Paulo acabou de virar a "liderança masculina" de cabeça para baixo?

As palavras de Paulo para esposas e maridos, nos versículos 22 a 33, apresentam a ideia de "liderança" masculina, cujas raízes remontam ao juízo do primeiro casal, em Gênesis 3. Lembre-se de que, após a Queda, Deus disse que Eva desejaria dominar Adão, mas, no final, ele a dominaria (Gn 3:16).

A liderança masculina, também conhecida como "patriarcado", esteve presente em quase todas as sociedades desde então. Paulo prontamente reconhece essa realidade em sua própria cultura greco-romana, quando diz: "o marido é o cabeça da mulher" (5:23). É o seu ponto de partida para aplicar o princípio da submissão mútua ao marido, o que vai virar radicalmente de cabeça para baixo certos pressupostos sobre a liderança masculina.

Embora possa soar um pouco fora de lugar na cultura ocidental dos nossos dias, um apelo para que as esposas se submetessem a seus maridos, nos dias de Paulo, não teria causado nenhuma estranheza a judeus ou a gregos. É por isso que Paulo diz tão poucas palavras sobre as esposas. As jovens adolescentes daquela época eram frequentemente dadas em casamento a homens com o dobro de sua idade. Naquele tempo, esperava-se que o marido tomasse o lugar do pai de sua nova esposa e a ajudasse a completar seu crescimento até a maturidade. Uma noiva ainda

68 Parceiros no casamento e no ministério

criança se submeter a um marido já adulto, naquela cultura, era algo que simplesmente fazia sentido para os leitores originais daquela carta.

No entanto, as palavras de Paulo aos maridos, que compõem a maior parte desta passagem, teriam sido muito mais controversas. E, para surpresa de muitos hoje em dia, elas não são idênticas àqueles sermões que costumamos ouvir em casamentos. Não há menção nelas ao fato de o marido "assumir a liderança espiritual", "ser responsável por isso" ou "tomar as decisões finais". É evidente que esse tipo de hierarquia era comum naquela época e ainda ocorre hoje em muitos casamentos. Mas a Bíblia nunca o aprova – nem nesta carta nem em outra passagem qualquer. Em vez disso, como minha colega Michelle Lee-Barnewall gosta de dizer, Paulo vira "a liderança de cabeça para baixo" nessa passagem.

Paulo reconhece o patriarcado, assim como reconhece a autoridade dos senhores de escravos, embora também não os tolere nem os encoraje. Em outras palavras, ele não diz aos maridos para "agirem como autoridade sobre" [as esposas]. Em vez disso, ele passa a dar instruções específicas sobre como eles devem viver dentro da estrutura daquela cultura. A questão crítica é: "O que o apóstolo chama maridos e senhores de escravos a fazerem com suas posições privilegiadas?" Para o senhor de escravos Filemom, ele o instruiu a parar de tratar Onésimo como um escravo e a começar a tratá-lo como um igual – na verdade, como a um irmão em Cristo (Fm 16). Para os maridos da igreja de Éfeso, sua instrução foi para que colocassem em prática o princípio maior da submissão mútua com suas esposas, amando-as sacrificialmente, como parte do que significa encher-se do Espírito (Ef 5:18b,21-22).

O pastor e autor Charles Swindoll costumava dizer em seus sermões matinais de domingo: "Você não pode fazer uma analogia se abaixar e andar de quatro". Em outras palavras, as analogias têm um ponto específico a defender e não devem ser aplicadas de forma muito ampla. Aqui, o relacionamento entre marido e mulher é comparado ao relacionamento de Cristo com a igreja, da qual ele é o Salvador. Nosso Senhor Jesus viveu uma vida sem pecado para ser o sacrifício perfeito pelos pecados de todos os que cressem. No entanto, isso obviamente não é verdade em relação aos maridos – nem mesmo para o melhor dos maridos! Então, que lição Paulo está tirando da analogia "Cristo-igreja"? Seu ponto principal é bastante claro e direto: Cristo amou a igreja de tal maneira que estava disposto a sacrificar sua vida pelo bem-estar dela (5:25-27). Este único ponto é apresentado aqui como um exemplo, para que o marido ame sua esposa sacrificialmente, assim como ama o próprio corpo (5:28-30). Homens, mesmo que vocês esqueçam tudo o mais que está sendo dito aqui, lembrem-se dessa única coisa. A longo prazo, isso revolucionará o seu casamento.

Segundo as regras das famílias greco-romanas da época de Paulo, as esposas geralmente eram colocadas na mesma categoria dos filhos e escravos. Neste contexto, a ideia de o marido (o senhor) de uma família amar sua esposa sacrificialmente teria soado como algo radical. Na verdade, a própria noção de sacrificar a "cabeça" para beneficiar o "corpo" (em sentido físico) teria soado completamente absurda. Mas o mesmo acontecia com o chamado de Jesus para que seus discípulos morressem para si mesmos, a fim de ganharem vida real em seu reino (Mt 16:25). Na verdade, a ideia do Filho de Deus servindo humildemente à humanidade, a ponto de morrer pelos pecados desta (Fp 2:5-8), derruba por terra os paradigmas predominantes de poder e de autoridade no mundo antigo, bem como no mundo contemporâneo.

Efésios 1:20-23 lança mais luz sobre o que o marido é chamado a fazer por sua esposa. Depois que Deus ressuscitou Cristo dentre os mortos, ele o assentou à sua direita, acima de todo governo, autoridade, poderes e domínio (v. 20-21). Além disso, colocou "todas as coisas debaixo de seus pés e o constituiu cabeça

70 Parceiros no casamento e no ministério

sobre todas as coisas, em benefício da igreja, que é o seu corpo, a plenitude daquele que enche todas as coisas em todos os sentidos" (v. 22-23). Clint Arnold, outro colega meu, certa vez me chamou a atenção para o fato de que a palavra "cabeça" é usada de duas maneiras nesta passagem: (a) como "autoridade sobre" e (b) como "fonte de benefício para". Jesus exerce autoridade sobre os poderes do mundo a fim de ser uma fonte de provisão e benefício para seu corpo, a igreja.

Todavia, a questão permanece: "De qual dessas maneiras o marido deve ser o cabeça de sua esposa, em Efésios 5:21-33?" Embora Paulo reconheça que os maridos daquela época tinham autoridade sobre suas esposas, ele não reforça nem encoraja tal prática. Em vez disso, ele se concentra estritamente no segundo significado de "ser cabeça". Ou seja, ele chama os maridos a agirem de maneira benéfica para com suas esposas. Mais que isso, o marido deve chegar ao ponto de dar a própria vida nesse esforço. Como Jesus ensinou a seus discípulos e demonstrou em sua morte, não há melhor maneira de amar e servir aos outros do que dando a vida por eles (Jo 15:13). É assim que o marido deve cumprir o seu lado da submissão mútua (Ef 5:21).

Paulo conclui esta passagem poderosa com uma citação já bem conhecida da história da Criação: "É por isso que o homem deixa pai e mãe para se unir à sua mulher" (Gn 2:24; Ef 5:31-32). Em seguida, ele sintetiza suas instruções: "Maridos, amem suas mulheres como a si mesmos; e mulheres, respeitem seus maridos" (Ef 5:33) – observe o mesmo equilíbrio na Carta de Paulo aos Colossenses (3:18).

Mais uma pergunta: "Essas instruções devem ser entendidas como sendo exclusivas para um gênero ou apenas específicas para um gênero?" Em outras palavras, quando o pastor de uma igreja, nos tempos de hoje, exorta os maridos, no Dia dos Namorados, a amarem suas esposas, isso significa que as esposas estão dispensadas de amar seus maridos? Nunca ouvi ninguém sugerir tal coisa!

No entanto, quando o mesmo pastor admoesta as esposas a se submeterem a seus maridos, com excessiva frequência se presume que isso exime os maridos de fazerem o mesmo, em retorno. O apelo à submissão mútua tem sido ignorado há muito tempo! Em contraste, as esposas certamente devem amar seus maridos (Tt 2:1), sim, assim como Cristo amou a igreja. Se necessário, a esposa deve até estar disposta a dar a vida pelo marido, assim como ele por ela. E tão certo quanto é o fato de as esposas deverem se submeter em amor a seus maridos, também é o fato de os maridos deverem se submeter em amor a suas esposas (1Co 7:1-6). Esse é o tipo de submissão mútua que Cristo deseja para sua igreja em geral – e que é igualmente verdadeiro para os crentes casados.

Durante séculos, as mulheres que viveram em sociedades patriarcais buscaram equilibrar a balança, por meio de uma "pseudossubmissão" que, na verdade, acabava sendo uma manipulação nada sutil. Como diz um provérbio moderno: "Ele pode ser o cabeça, mas ela é o pescoço que vira a cabeça para onde quer." A manipulação, por mais pragmática que seja, não é o caminho de Cristo e não tem lugar nos casamentos cristãos.

Em vez disso, Efésios 5:21-33 é uma bela ilustração de como a submissão mútua se aplica ao casamento. As instruções são específicas para os gêneros, a fim de atender a necessidades específicas de cada cônjuge em uma situação particular, como na antiga Éfeso. Para as esposas, significava que a liberdade em Cristo (sobre a qual Paulo havia escrito anteriormente, em Gálatas 3:28; 1Coríntios 7) não deveria levar à defesa de direitos ou à usurpação de autoridade. Em vez disso, o servir aos outros – entre eles, seus maridos – ainda é o caminho da cruz. Para os maridos, significava que ser o "cabeça" não era mais exercer autoridade como o senhor da família. Assim como no caso de Filemom com Onésimo, os homens devem abandonar as tradições de poder e de controle para amar e servir sacrificialmente aos outros – entre eles, suas esposas.

72 Parceiros no casamento e no ministério

PARA REFLEXÃO E DISCUSSÃO

1. Como você definiria a "mutualidade", à luz das muitas declarações do tipo "uns aos outros" que vimos neste capítulo?

2. Em quantos relacionamentos você já esteve (que não seja só o casamento) em que a outra parte presumiu que estava no comando? Quando foi que "ceder autoridade" não resultou em uma pessoa sendo colocada no comando?

3. O que "submissão mútua" no casamento significa para você, em termos práticos? Se fosse escrever sobre isso para sua igreja, nos dias de hoje, você escreveria de forma diferente de Paulo? Em caso afirmativo, como escreveria?

4. Você conhece algum casal que pratica a submissão mútua? De que modo o casamento deles difere de outros que não a praticam? De que modo é igual aos outros?

5. A cultura ocidental contemporânea ajuda ou impede que maridos e esposas se submetam mutuamente? Como isso acontece?

6. Como 1Coríntios 7 e Efésios 5 atuam em conjunto para formar uma visão mais abrangente da mutualidade entre maridos e esposas?

7. De que modo esses conceitos como ceder autoridade, submeter-se mutuamente e amar sacrificialmente se aplicam à nossa vida fora do casamento? Dê alguns exemplos específicos.

6

Compartilhando do divino dom da graça da vida

1Pedro 3

Esposas, submetam-se a seus maridos, a fim de que, se eles ainda não forem crentes, suas vidas puras e reverentes os conquistem. Maridos, façam o mesmo, em consideração e respeito por suas esposas como coerdeiras do divino dom da graça da vida (1Pe 3:1-7).

Em nosso terceiro e último capítulo da seção sobre submissão mútua no casamento, nós nos voltamos para um trecho de uma pequena carta, escrita pelo apóstolo Pedro, que circulou entre judeus exilados em várias províncias romanas, situadas no que hoje é a Grécia, a Turquia e além. A preocupação de Pedro era que esses crentes vivessem de maneira piedosa, ainda que muitas vezes sofressem perseguição sob seus governantes pagãos. Em 1Pedro 3:1-7, ele fala especificamente para esposas e maridos sobre o comportamento pessoal deles nessas circunstâncias.

E se meu cônjuge ainda não for crente?

No capítulo 4 deste livro, discutimos brevemente a questão do casamento inter-religioso. Em ambas as cartas aos cristãos em Corinto, o apóstolo Paulo instruiu especificamente seus leitores no sentido de que, se eles escolhessem se casar, deveria ser apenas com outros crentes (1Co 7:39; 2Co 6:14-18). Isso baseava-se na Lei de Moisés (compare com Ed 10:2; Ne 13:27) e era uma lição que deveria ter sido aprendida com o rei Salomão (1Rs 11:1-6).

74 Parceiros no casamento e no ministério

No entanto, como já se sabe, nem sempre funciona assim na prática. Às vezes, as pessoas se casam com alguém de outra fé, sem perceber que isso é errado. Outros, infelizmente, optam por fazer isso com pleno conhecimento do ensino da Bíblia. Se você se enquadra em uma dessas duas categorias, não se desespere! Nós servimos a um Deus de graça e perdão, mesmo quando nós, como cristãos, ficamos aquém dessas virtudes. Em outros casos, as pessoas se casam antes que qualquer uma delas chegue à fé em Cristo. Depois, um deles se torna crente, enquanto o outro não.

Se você percebe um reflexo de seu próprio casamento em qualquer uma dessas situações, anime-se, porque essas palavras são para você! E, mesmo se você estiver feliz em um casamento com outro cristão profundamente devoto, ainda há muito a aprender com esta passagem.

O conselho de Pedro para esposas e maridos é contrastado com o contexto mais amplo de cristãos que sofriam sob a opressão romana pagã. Esses judeus, que eram crentes em Cristo, são chamados a viver uma vida tão piedosa que até mesmo os incrédulos que tinham autoridade sobre eles pudessem vir à fé (1Pe 2:11-12). Novamente, o termo operativo é "submetam-se", como em Efésios 5:21. Primeiro, eles são instruídos a se submeterem a autoridades terrenas, como o imperador romano e seus governadores regionais (1Pe 2:13-14). Em segundo lugar, os escravos são instruídos a se submeterem a seus senhores, e até recebem como exemplo Cristo, que sofreu terríveis injustiças por eles (2:18, 21). Terceiro, as esposas são instruídas a se submeterem "da mesma forma", a fim de conquistar para Cristo um marido descrente (3:1). E, por fim, os maridos crentes são instruídos a que "façam o mesmo" com suas esposas cristãs, vivendo com ela de maneira amável e compreensiva, como herdeiros do gracioso dom da vida de Deus (3:7).

Quando leio essa passagem na aula que dou na universidade, quase sempre recebo a mesma reação: "Devo me submeter em

Compartilhando do divino dom da graça da vida **75**

tudo? Não há exceções? E se meu marido bater em mim e em meus filhos? E se ele me forçar a fazer coisas imorais, ou mesmo a adorar deuses pagãos?" Felizmente, a resposta pode ser encontrada em duas ilustrações bíblicas: uma delas no ensino de Jesus, e a outra no testemunho do próprio Pedro.

A primeira ilustração se encontra no Evangelho de Marcos (7:1-23), onde Jesus se envolve em uma disputa com os líderes religiosos judeus de sua época. Esses fariseus e escribas criticaram Jesus e seus discípulos por não seguirem as tradições que haviam acrescentado à Lei mosaica. Jesus respondeu: "Vocês colocaram de lado a Palavra de Deus em favor de tradições dos homens (7:7, 9)". O patriarcado é fruto da queda humana, bem como as "tradições dos homens" como aquelas que Jesus estava enfrentando. Ele não é um mandato da criação e não exige obediência cega da esposa.

A segunda ilustração é semelhante. Ela vem de uma história contada em Atos 5:12-42. Pedro – que rapidamente ascendeu a uma posição de liderança expressiva já nos primeiros dias da igreja – está pregando em Jerusalém, perto do templo judaico. Por estar declarando que Jesus é o Messias, alguns dos líderes religiosos judeus o prendem e o levam diante do Sinédrio judeu (alta corte). A resposta de Pedro é simples e direta: "Mais importa obedecer a Deus do que a simples mortais!" No final, Pedro e seus companheiros vão embora cheios de júbilo por terem sido considerados dignos de sofrer por Cristo.

O mesmo princípio que Jesus invocou em resposta às críticas dos líderes religiosos judeus de sua época, e o mesmo que Pedro usou, mais tarde, em sua defesa diante de outros integrantes do mesmo grupo, em Jerusalém, também pode ser aplicado ao chamado de Pedro para que se submetam a autoridades terrenas, em 1Pedro 2 e 3. Na verdade, todos nós somos instados a viver em paz com os outros – entre os quais incluem-se os cônjuges – naquilo que depender de nós (compare com Rm 12:18; 1Co 7:15).

76 Parceiros no casamento e no ministério

Mas, se isso vier a se tornar irrazoável, por uma questão de consciência, e tivermos esgotado todas as opções possíveis, então acredito que tanto Jesus quanto Pedro diriam: "Mais importa obedecer a Deus do que a simples mortais" (At 5:29).

O abuso doméstico é algo demasiadamente comum em nossas ditas sociedades civilizadas, e seus números ainda são inadmissivelmente altos entre cristãos conservadores.

Além do mais, apenas recentemente começamos a abordar o problema. Para fins de registro, 1Pedro 3:1-7 jamais deve ser usado para tolerar tal prática ímpia, especialmente quando se faz isso em nome dos direitos de liderança masculina!

Com esta importante exceção bem clara em mente, vamos considerar as palavras de Pedro às esposas casadas com maridos que ainda não são crentes. Ele as instrui a se submeterem a seus maridos, vivendo uma vida pura e reverente (1Pe 3:2). A beleza delas deve vir de seu espírito manso e tranquilo que é tão precioso para Deus em vez de depender de seus cabelos, roupas e joias (v. 3-4). A esperança dessas mulheres em Deus deve ficar evidente pela maneira como respeitam seus maridos, como foi com a esposa de Abraão, Sara (v. 5-6).

Este conselho é poderoso para todos nós – mulheres e homens. Sim, essas palavras, como as de Efésios 5, são específicas para um gênero, mas não exclusivas de um gênero. Por exemplo, o que nos torna realmente atraentes para os outros em geral (e não apenas torna as esposas atraentes para o marido)? Como todos nós podemos apresentar o evangelho de Jesus Cristo de maneira atrativa para outras pessoas em uma cultura pagã ou secular? Pedro responde que é uma vida pura e reverente, um espírito gentil e tranquilo, bem como respeito pelos outros e esperança em Deus. O que me impressiona profundamente, enquanto escrevo estas palavras, é quanto elas descrevem o modelo que Jesus nos deu!

Acaso os homens devem se submeter às mulheres?

Muitas vezes, ficamos preocupados se as esposas devem se submeter. Como se diz no jargão contemporâneo: "Isso é óbvio". A Bíblia diz claramente para as esposas se submeterem (Ef 5:21; 1Pe 3:1). O que geralmente não percebemos, no entanto, é que ela também diz para os maridos: "façam o mesmo" (1Pe 3:7). Há apenas um versículo dirigido aos maridos nesta passagem, mas ele é poderoso. Sim, meus caros, esta seção é para vocês! Lembram-se da nossa discussão no capítulo 5 deste livro, sobre o verbo que falta em Efésios 5:22? Se não se lembram, reservem um minuto e revisem a primeira seção (intitulada "Mútuo" significa o que eu acho que significa?), pois temos uma situação semelhante aqui em 1Pedro 3:7.

Literalmente, a frase diz: "Maridos, da mesma forma [façam algo...] vivendo com elas e considerando-as mais frágeis, honrando-as como suas parceiras na herança do dom da graça da vida de Deus, para que suas orações não sejam impedidas". O verbo que falta no início do versículo levanta a questão: "Maridos, da mesma forma façam o quê?"

A maneira como a maioria das traduções da Bíblia responde a essa pergunta (com pequenas variações) é expressando os verbos como imperativos. Isso significa dizer: "Maridos, da mesma forma, vivam com suas esposas [...] compreendam-nas [...] honrem-nas". Embora essa solução seja comum, ela deixa o leitor se perguntando por que Pedro prefaciou seu imperativo com a expressão "da mesma forma".

Peter Davids, um amigo meu e erudito em Novo Testamento, especializado nas cartas do apóstolo Pedro, fez recentemente uma sugestão melhor. No final, era algo em que eu já vinha pensando há algum tempo, mas apenas de uma forma muito rudimentar. Uma vez que o tema dominante nesta passagem é "submetam-se" às autoridades civis, aos senhores de escravos e ao marido (2:13-14,18; 3:1), e uma vez que a expressão

78 Parceiros no casamento e no ministério

"da mesma forma" foi especificamente aplicada à submissão para as esposas (3:1), então, parece mais provável que o escritor quer que entendamos a mesma ideia de "submetam-se" em conexão com a expressão "da mesma forma", que é dirigida aos maridos (3:7). A implicação ficou clara em Efésios 5:21-22 e faz mais sentido aqui. O pensamento completo seria: "Maridos, submetam-se, da mesma forma, a suas esposas, vivendo com elas, compreendendo-as e honrando-as".

Pode ser que algumas mulheres que são atletas provavelmente estejam pensando: "Tudo certo; mas o que é isso sobre as mulheres serem mais frágeis?" Boa pergunta. Na verdade, uma jovem amiga nossa, que se chama Brittany Watrous, completou recentemente um exaustivo triatlo (uma competição também conhecida como "ironman"). É uma competição de um dia inteiro, com provas de natação (3,8 km), de ciclismo (180 km) e de corrida (42 km), que deixam muitos participantes (homens e mulheres) caídos à beira da estrada. Alguém se atreve a chamar Brittany de mulher "frágil"? E, aliás, nunca diga a uma mãe que suportou com sucesso 23 horas de trabalho de parto, no nascimento de seu primeiro filho, que ela é mais frágil do que seu marido, que desmaiou durante o procedimento!

No entanto, na época de Pedro, as mulheres não tinham permissão para participarem de competições atléticas; eram geralmente muito menos instruídas do que os homens e não podiam exercer o mesmo grau de poder social. Ainda hoje, homens e mulheres geralmente competem em provas separadas nas Olimpíadas e em outros jogos – embora algumas mulheres estejam quebrando essas e outras barreiras.

O ponto que Pedro quer mostrar aqui não é que as mulheres são internamente mais frágeis do que os homens (embora geralmente os homens tenham mais força na parte superior do corpo). Em vez disso, ele está dizendo a maridos, que geralmente desfrutam de um maior grau de poder e de autoridade, que

Compartilhando do divino dom da graça da vida 79

não usem essa vantagem contra suas esposas. Pelo contrário, os maridos devem se submeter às suas esposas "da mesma forma" que as esposas devem se submeter aos maridos. E fazer isso, para os maridos, significa serem atenciosos e compreensivos – em outras palavras, honrarem suas esposas como herdeiras em parceria com eles do divino dom da graça da vida. Na verdade, o termo "parceiro" vem do arcaico anglo-normando francês *parcener*, que significa "coerdeiro", exatamente o mesmo conceito enfatizado aqui!

Mulheres e homens como coerdeiros: existe algum problema nisso?

Considere duas outras imagens bíblicas do princípio segundo o qual as mulheres "compartilham da herança" do dom da graça da vida de Deus com os homens.

A primeira imagem vem do que é possivelmente o mais antigo texto da Bíblia, o Livro de Jó. No epílogo dessa famosa história de tragédia, sofrimento e fé, Deus finalmente encoraja seu justo servo Jó, que permaneceu fiel durante uma tribulação verdadeiramente incrível. Nas palavras do narrador,

> O Senhor abençoou a velhice de Jó mais do que a sua juventude, dando-lhe sete filhos e três filhas. Os nomes de suas filhas eram Jemima, Quézia e Quéren-Hapuque. Eram as mais belas da terra! Além disso, Jó as tornou herdeiras junto com seus filhos (Jó 42:12-15).

Normalmente, no mundo patriarcal de Jó, filhas não recebiam herança – a menos que não houvesse filhos vivos para recebê-la. Este foi o caso de Maalá, Tirza, Hogla, Milca e Noa, as filhas de Zelofeade, em Números 36:1-13. Mas, no caso extraordinário de Jó, temos um pai íntegro, justo e temente a Deus que decide dar às filhas uma parte igual à dos irmãos como "herdeiras junto" com seus filhos da propriedade da família. É igualmente surpreendente o fato de que apenas os nomes das filhas de Jó

80 Parceiros no casamento e no ministério

sejam citados no relato (e os nomes dos filhos não). Que amável palavra de encorajamento para elas, em seu mundo patriarcal!

A segunda é uma imagem feita com palavras, em Gálatas 3:26-29, passagem que discutimos anteriormente, no capítulo 3. Como você deve se lembrar, Paulo havia acabado de declarar que todos os crentes eram "filhos de Deus pela fé", independentemente de etnia, status social ou gênero. Então, ele conclui: "Se vocês pertencem a Cristo, são descendentes de Abraão e herdeiros segundo a promessa" que Deus fez ao patriarca. As prerrogativas religiosas eram herdadas por meio dos homens, em todo o Antigo Testamento. Paulo declara, porém, que no corpo de Cristo as coisas mudaram. O gênero agora é irrelevante para herdar as prerrogativas e as promessas de Deus.

Sim, homens e mulheres devem ser "herdeiros juntos" do dom da graça da vida de Deus – não há nenhuma restrição a se acrescentar! De fato, essa verdade maravilhosa não se destina apenas a casais, pois Gálatas inclui toda a comunidade do povo de Deus – todos os irmãos e as irmãs. Lembre-se: lá no início, foi assim que Deus nos criou, como "ajudadores que correspondam" um ao outro (Gn 2:18). Pedro simplesmente aplica esta verdade geral a maridos e esposas.

Então, quais são as implicações das palavras de Pedro? Submeter-se um ao outro em amor é o princípio primordial no casamento. Não se trata de uma pessoa ter autoridade sobre a outra. Em vez disso, trata-se de ambos os parceiros renunciarem voluntariamente a seus direitos em honra ao outro. É ter, uns para com os outros, a mesma atitude que nosso Senhor teve quando renunciou a seus privilégios divinos para se tornar um servo humano e humilde, a fim de sofrer e morrer por nossa causa (Fp 2:5-8). Como Pedro apresenta, a submissão de Cristo em seu sofrimento foi planejada como um exemplo, para que outros crentes a sigam (1Pe 2:21).

Compartilhando do divino dom da graça da vida **81**

PARA REFLEXÃO E DISCUSSÃO

1. Esposas, seu marido ainda não é crente? Olhem atentamente para a vida de vocês. Será que seu marido vê você como alguém "atraente" da maneira que Pedro define – de uma forma que irá aproximá-lo de um relacionamento pessoal com seu Salvador?

2. Você tem um relacionamento abusivo com seu cônjuge? Você já considerou todas as opções disponíveis para melhorar esse relacionamento? Você está fazendo o que é necessário para manter-se e a seus filhos seguros agora?

3. Você conhece algum casal que esteja passando por uma crise conjugal? Como você poderia se tornar um instrumento de amor, graça e perdão para eles? Você está disposto a permanecer conectado a eles durante essa longa e difícil luta?

4. O que você acha que significa para as mulheres serem "vasos mais frágeis"? Existem exceções à regra em alguns casos? Os homens são mais frágeis em certas áreas? Que responsabilidades especiais lhe vêm à mente quando você pensa em ser um "vaso mais forte"?

5. Em sua experiência, que ressalvas não bíblicas foram às vezes acrescentadas aos princípios bíblicos de que mulheres e homens são coerdeiros (como, por exemplo, herdar a maioria dos privilégios, mas não todos)? Em contraste, como se pareceria uma parceria igualitária como "herdeiros juntos"?

6. Como os exemplos de Jesus em Filipenses 2:5-8 e 1Pedro 2:21 inspiram especificamente a vida piedosa, em crentes como você e eu? Seja específico sobre o que Jesus fez e como podemos seguir seus passos.

Princípios para hoje

Os apóstolos Paulo e Pedro afirmam algo que descobrimos na história da redenção, desde a Criação até a cruz: uma parceria igualmente compartilhada, na qual a submissão mútua é o princípio operativo. Esta é uma declaração especialmente potente, quando levamos em conta o contexto cultural daquela época. Tanto nas famílias judaicas quanto nas greco-romanas, as mulheres geralmente eram dadas em casamento, tão logo fossem capazes de gerar filhos – e, geralmente, eram casadas com homens que tinham o dobro de sua idade (por exemplo, um homem de trinta anos podia se casar com uma jovem no início da adolescência). Nesse contexto, não é de surpreender que fosse esperado que a jovem esposa se submetesse ao marido mais maduro, como antes se submetia a seu pai, especialmente em questões de fé. Naquela época, seria algo surpreendente os apóstolos defenderem a mutualidade, mesmo entre dois parceiros de maturidade relativamente igual. Contudo, fazê-lo sem reservas em relação a níveis de maturidade diferentes reflete uma crítica radical ao arcaico sistema patriarcal em termos da teologia um ao outro.

No capítulo 4, descobrimos que o apóstolo Paulo reiteradamente descreveu o casamento como uma parceria mútua entre um homem e uma mulher, colocando ênfase em ceder os próprios direitos e a autoridade ao outro (1Co 7). Ele falava com tolerância e graça, quer estivesse falando sobre solteirice, quer sobre casamento, quer sobre divórcio. No entanto, também

Princípios para hoje   **83**

deixou claro que aqueles que optam por entrar em algo tão íntimo e sagrado como o casamento devem levá-lo a sério e compartilhá-lo apenas com outro crente.

No capítulo 5, refletimos sobre o chamado de Paulo para que esposas e maridos se submetessem uns aos outros, em reverência ao Senhor e como evidência de que estavam cheios do Espírito Santo (Ef 5). Embora nenhuma outra explicação fosse necessária para as esposas naquela época, a mesma questão era, para os maridos, radicalmente diferente de qualquer coisa que eles já tivessem conhecido. Especificamente o fato de que o marido deveria expressar seu lado da submissão mútua amando a esposa, até mesmo ao ponto em que amava seu próprio corpo. A "liderança masculina" que os maridos estavam acostumados a desfrutar de repente virou de cabeça para baixo.

Em seu lugar, foi apresentado como modelo para os maridos cristãos o caminho de Cristo, ou seja, o caminho de abrir mão de direitos e de privilégios para servir humildemente à esposa.

No capítulo 6, examinamos as palavras do apóstolo Pedro, que aconselhou as esposas a se submeterem em amor – dentro dos limites da razão e da consciência – mesmo quando o marido ainda não é crente (1Pe 3). Elas foram chamadas a imitar os exemplos piedosos de mulheres como Sara, para que seu testemunho de Cristo pudesse ser revelado de dentro para fora, por meio de um espírito puro e tranquilo. Embora Pedro seja breve em suas observações para os maridos cristãos, suas palavras, assim como as de Paulo, são radicais e potentes. Os maridos, da mesma forma, devem se submeter às suas esposas, sendo atenciosos e respeitosos para com elas como coerdeiras do dom da graça da vida de Deus. Sim, como Paulo havia declarado anteriormente (Gl 3:29), as mulheres deveriam ser vistas como parceiras plenas e iguais aos homens, coerdeiras de todas as promessas de Deus. Então, como deve ser uma imagem bíblica do casamento?

84 Parceiros no casamento e no ministério

Primeiro, observe que não encontramos nenhuma menção ao patriarcado (isto é, à liderança masculina) nos relatos da Criação (Gn 1 e 2) ou nas cartas de Paulo (1Co 7; Ef 5) e de Pedro (1Pe 3). Ou seja, a Bíblia nunca endossa um modelo de liderança masculina para o casamento. Isso simplesmente não está na Bíblia! Isso significa que um casamento não possa ter um líder? Não necessariamente. Na verdade, na maioria dos casamentos, um dos cônjuges geralmente demonstra ter mais habilidades ou mais tendências de liderança do que o outro (embora nem sempre seja o homem quem demonstra isso). Os cônjuges devem ser sensíveis às diferentes formas e áreas em que cada um é capaz de tomar iniciativas ou dar orientações nas diferentes situações.

Em segundo lugar, a questão cultural de "ser o cabeça", algo que Paulo reconhece em seus dias e dentro da qual trabalha, nunca é prescrita como uma coisa que os cristãos deveriam perpetuar. Ou seja, os maridos nunca são instruídos a "ser o chefe" ou a "exercer autoridade sobre" suas esposas. Além do mais, nenhum dos cônjuges é chamado a "assumir a liderança" ou a "ser responsável" pelo outro, tomando as "decisões finais". Em vez disso, como diz o velho ditado, "O cabeça de cada família é Cristo". Poderíamos trazer cura significativa para casamentos desfeitos na sociedade contemporânea se tão somente levássemos essa verdade mais a sério.

Conflitos sempre ocorrerão, mas nosso testemunho para o mundo – assim como nosso casamento – seria muito mais forte se nos sujeitássemos humildemente uns aos outros, bem como ao nosso Senhor.

Em terceiro lugar, o modelo bíblico para o casamento é uma parceria entre iguais, para a qual cada cônjuge traz suas próprias contribuições. Isso fica evidente no *design* da criação e é confirmado na ousada declaração de Paulo às igrejas da Galácia, quando fala a respeito de sermos um em Cristo (Gl 3:28). Também é reforçado nas cartas de Paulo às igrejas em Corinto (1Co 7) e em

Éfeso (Ef 5), bem como na carta de Pedro às igrejas espalhadas pelas províncias romanas (1Pe 3). Precisamos desenvolver a mesma atitude que Jesus teve, quando abriu mão de sua autoridade e nos forneceu o modelo de como servir de forma genuína. Ironicamente, ao agir assim, ele capacitou outros a seguirem seu exemplo.

Por fim, precisamos amar uns aos outros sacrificialmente. Ao fazer isso, devemos lembrar que, na Bíblia, o amor é sempre uma palavra de ação. Tem mais a ver com compromisso do que com química. Isso não quer dizer que não devamos aproveitar e celebrar o dom divino do casamento com todos os prazeres que o acompanham. Na verdade, eu sou totalmente a favor disso! Mas, devemos perceber, no final das contas, que não "nos apaixonamos" apenas. Em vez disso, escolhemos amar, da mesma forma que nosso Senhor escolheu nos amar. O romance pode dar início a um relacionamento conjugal, mas é o compromisso que sustenta esse relacionamento durante as inevitáveis crises da vida.

Parceiros no ministério

Celebrando nossa singularidade como mulheres e homens

1 Coríntios 11

Entrei na adolescência em 1959, uma época em que os estilos tradicionais estavam prestes a sofrer uma reviravolta. Meus pais dançaram ao som de Frank Sinatra e das "big bands" até Elvis Presley aparecer e mudar tudo. Na década de 1960, lendas da música *folk* como Bob Dylan e Joan Baez estavam nos levando a mais uma era de revolução social. Os costumes e tradições, entre eles aqueles relativos a etnia, status social e gênero, seriam desafiados de novas maneiras. Como um jovem crente e estudioso das Escrituras, eu me perguntava como iríamos separar princípios bíblicos essenciais de aplicações culturais específicas. Felizmente, Paulo falou sobre preocupações semelhantes em sua primeira carta à igreja de Corinto. Suas palavras foram úteis naquela época e continuam sendo até hoje.

Anteriormente, discutimos sobre "ceder um ao outro em amor", conceito extraído de 1 Coríntios 7, e descobrimos a forte ênfase do apóstolo na mutualidade em questões relativas a solteirice, casamento e até mesmo divórcio.

Aqui, em 1 Coríntios 11, Paulo volta sua atenção para a prática relativa a roupas e penteados tradicionais, quando mulheres e homens servem juntos nas posições "de frente" da igreja.

Realmente importa quem veio primeiro?

A vigésima edição dos Jogos Olímpicos de Inverno aconteceram em 2006, nas aldeias alpinas nevadas ao redor de Torino, na Itália. Como sabemos, esse nível de competição gira em torno de "quem chega primeiro". Pouco importa para a maioria que os dez primeiros competidores no esqui alpino tenham chegado com segundos de diferença um do outro. De fato, muitos nos Estados Unidos ficaram indignados quando Lindsey Jacobellis, competidora americana de *snowboard*, cometeu um erro e levou apenas a medalha de prata. A mídia foi brutal. Era como se eles só conseguissem dizer que o copo está 0,01% vazio, não 99,9% cheio! Mas, no final, apenas três pessoas sobem ao pódio (dentre as centenas que pensaram que conseguiriam), e apenas uma delas ganha o "Ouro Olímpico".

Como descobrimos em Gênesis 2, Adão "surgiu primeiro", antes de Eva – talvez apenas algumas horas depois dele, se os dias da Criação forem interpretados literalmente. Mais importante, ela veio do corpo dele, assim como todos os seres humanos, a partir de então, viriam dela (ela seria sua "mãe"). Cada um deles, à sua maneira única, foi a "fonte" ou "ponto de origem" para a humanidade. Na Criação, Deus fez uma declaração deliberada de equilíbrio, que é diferente da que encontramos em competições atléticas. Eva não fica em segundo lugar, mas se torna a primeira para o restante da humanidade. Esse tipo de mutualidade era importante no *design* criativo de Deus e, como aprenderemos em 1Coríntios 11, também era muito importante para o apóstolo Paulo.

Paulo moldou esta passagem de tal forma que os pontos-chave são dispostos em grupos paralelos, deixando a ênfase mais forte no centro. O gráfico a seguir servirá como um ponto de referência útil, enquanto discutimos a passagem.

90 Parceiros no casamento e no ministério

A Com relação às tradições: Cristo é o cabeça do homem; o homem é o cabeça da mulher; e Deus é o cabeça de Cristo.

B Um homem que ora ou profetiza com a cabeça coberta desonra a sua cabeça, enquanto uma mulher que ora ou profetiza com a cabeça descoberta desonra a sua cabeça.

C O homem é imagem e glória de Deus, e a mulher é glória do homem. A mulher se originou do homem e foi criada para o homem.

D Por essa razão, uma mulher deve ter autoridade sobre a própria cabeça por causa dos anjos.

C No entanto, no Senhor, mulheres e homens não são independentes. Pois, assim como a mulher proveio do homem, também o homem provém da mulher – e tudo provém de Deus

B A mulher deve cobrir a cabeça ao orar. A natureza mostra que o cabelo comprido para o homem é vergonhoso, mas o cabelo comprido para uma mulher é seu manto.

A Nós não temos esse costume – nem as igrejas de Deus.

Paulo começa suas observações elogiando os coríntios por manterem as tradições que ele lhes transmitira durante uma visita anterior (11:1-2,16). Em seguida, ele usa a imagem sobre ser "o cabeça" para apresentar um novo ponto. Como fez em sua carta à igreja de Éfeso, Paulo utiliza a metáfora de maneira criativa – ele a vira de "cabeça" para baixo novamente. Em Efésios 5, ele começou pela suposição cultural comum da "liderança masculina", incluindo a "autoridade masculina", e então, drasticamente vira essa ideia de cabeça para baixo, enfatizando em seu lugar a submissão mútua em termos de um amor radical e sacrificial – sim, especificamente por parte dos maridos.

Paulo faz um jogo de palavras semelhante aqui, embora desta vez ele matize a outra ideia comum de "liderança" masculina em termos de "fonte" ou "ponto de origem", como a "nascente" ou a "cabeceira" de um rio. Exemplos disso são encontrados em ambos

Celebrando nossa singularidade como mulheres e homens **91**

os relatos da Criação. Em Gênesis 1:1, a palavra geralmente traduzida por "no princípio" é literalmente "na cabeça". Então, em Gênesis 2:10-11, uma fonte de água que irrigava o Jardim do Éden se divide em quatro "cabeceiras" (na verdade, "nascentes") que, por sua vez, alimentam os rios Pisom, Giom, Tigre e Eufrates.

Da mesma forma, na cultura patriarcal do Antigo Testamento, os pais das famílias hebraicas eram regularmente referidos como os "cabeças" porque eram considerados a "origem" de muitos clãs menores que provieram deles (por exemplo, Êx 6:13,25). A ideia de "cabeça" significando "origem" ou "ponto de origem" é facilmente construída nas Escrituras.

Em 1Coríntios 11, Paulo emprega um tipo semelhante de metáfora de "ponto de origem", para enfatizar a unidade essencial entre homens e mulheres – como a que descobrimos na narrativa "de uma só carne" de Gênesis 2. Ele começa explicando que "o cabeça de todo homem é Cristo" (1Co 11:3), provavelmente referindo-se ao papel de Cristo na Criação. Como disse o apóstolo João,

> O Verbo [Cristo] estava no princípio [em Gênesis, "na cabeça"] com Deus, e era de fato Deus. Por meio dele [isto é, de Cristo, da Palavra criadora de Deus] todas as coisas foram feitas [incluindo Adão] e sem ele nada foi feito" (Jo 1:1-3).

Cristo é o cabeça de todo homem como Criador, pois ele é a "nascente" ou "ponto de origem" do primeiro homem, Adão. O escritor do Evangelho de Lucas 3:38 fala em termos semelhantes, quando cita Adão como "filho de Deus" (isto é, Deus era sua "nascente" ou seu "ponto de origem", em contraste com um pai ou uma mãe do planeta Terra).

Paulo amplia seu uso de imagens da Criação em 1Coríntios 11:3 com sua segunda comparação, "o cabeça da mulher é o homem". Assim como Adão proveio de Cristo, o Criador de todas as coisas, também Eva foi tirada de Adão (Gn 2:18-25). Isso é provavelmente o que o escritor de Gênesis 6:1-8 quis dizer, quando se referiu aos homens, nesse período inicial da história

92 Parceiros no casamento e no ministério

humana, como "filhos de Deus" e às mulheres como "filhas dos homens" (isto é, a mulher foi tirada do homem).

Em sua terceira comparação, Paulo dá um passo atrás para ver o cenário mais amplo, declarando: "o cabeça de Cristo é Deus". Talvez lhe pareça surpreendente que a ordem empregada por Paulo não foi "mulher-homem, homem-Cristo, Cristo-Deus" (e, assim, implicando uma hierarquia que tem Deus Pai no topo). O apóstolo, porém, não faz isso aqui – na verdade, ele não faz isso em nenhum lugar. Ao contrário, a ordem que ele emprega é: "homem-Cristo, mulher-homem, Cristo-Deus". Isso segue a sólida cristologia do Novo Testamento, ao associar Jesus com a criação do homem e da mulher "no princípio" (Jo 1:1-3) e declarando sem contradição que Jesus, mais tarde, "viera de Deus" na encarnação (Jo 13:3).

Tomadas em conjunto, as três comparações em 1Coríntios 11:3 são representativas de um tema recorrente em Paulo sobre a mutualidade. Em outras palavras, tanto as mulheres quanto os homens provêm de Deus (Gn 1:26-27), embora o homem tenha sido criado primeiro e a mulher tenha sido tirada dele (Gn 2). A leitura abrangente que Paulo faz das ordens de criação e de procriação é reforçada nas seções centrais desta passagem (1Co 11:7-12). Sim, é verdade que a mulher foi criada em segundo lugar e por causa da solidão do homem (Gn 2:18; 1Co 11:7-9). No entanto, também é verdade que nem o homem nem a mulher são independentes um do outro, pois, assim como a mulher veio do homem, assim também os homens nascem da mulher, e tudo provém de Deus (Gn 2:20; 1Co 11 e 12). A interpretação que Paulo faz dos relatos da Criação, em Gênesis, e o ponto principal que está extraindo deles são claros: as ordens de criação e de procriação falam de mutualidade com diversidade. As duas "ordens" devem ser postas lado a lado.

"Ok", você está dizendo, "chega de teologia! Vamos voltar ao conselho prático que Paulo está dando!" Bem, assim como ele fez em Efésios 5, aqui o apóstolo começa por uma noção comum de

Celebrando nossa singularidade como mulheres e homens **93**

liderança masculina, mas termina em um lugar muito diferente. Certamente, os homens de Corinto teriam dito "Amém!" quando leram: "o cabeça da mulher é o homem". Na verdade, já ouvi respostas semelhantes de homens contemporâneos (talvez alguns de vocês que estão lendo estas palavras também estejam dizendo: "Amém!"). Contudo, imagine só como o ego masculino inflado dos leitores patriarcais de Paulo teria murchado quando eles foram lembrados de que cada um deles proveio de uma mulher e que tanto homens quanto mulheres deveriam ser mutuamente interdependentes (1Co 11:11). Este é o impacto geral que o apóstolo queria que suas palavras tivessem. Ele pretendia trazer equilíbrio para o patriarcado unilateral de sua época.

Quem se importa com cabelo e roupas?

Tendo lançado o fundamento teológico da interdependência de gênero, Paulo se volta para uma preocupação mais pragmática: cobrir a cabeça. Quando criança, fui criado na denominação Igreja dos Irmãos. Era uma ramificação dos irmãos menonitas que se separaram da antiga ordem Amish, nas regiões da Pensilvânia e de Ohio. Em nossa igreja local, a maioria das mulheres ainda costumava cobrir a cabeça durante os cultos – algumas, durante o culto todo. Esse costume, que ainda hoje é praticado por mulheres menonitas e Amish conservadoras, extrai seu fundamento bíblico de 1Coríntios 11. Na verdade, a professora de nosso filho, que frequentou uma escola primária cristã da denominação Igreja dos Irmãos, no sul da Califórnia, sempre cobria a cabeça, quando dirigia a classe de segunda série em oração.

Também era costume nos dias de Paulo que as mulheres nas "igrejas de Deus" (1Co 11:2,16) cobrissem a cabeça e que os homens mantivessem a cabeça descoberta. Além disso, o apóstolo os instrui a seguir essa prática tradicional quando orassem ou profetizassem nas reuniões da igreja daquela época (11:4-7,13-15). Seu ponto fundamental ao respeitar os marcadores de gênero habituais é claro. No entanto, as circunstâncias

94 Parceiros no casamento e no ministério

precisas por trás das palavras de Paulo não estão claras. Há pelo menos quatro possibilidades quanto ao que eram essas "coberturas para a cabeça": (1) véus de modéstia, comumente usados por mulheres daquela época; (2) algum tipo de xale de oração masculino, que normalmente não era usado por mulheres; (3) cabelos mais longos como "cobertura" para as mulheres, enquanto os homens usavam cabelos mais curtos; ou (4) algum estilo de cabelo inapropriadamente feminino para homens, literalmente cabelo "[que] pendia da cabeça" (1Co 11:4).

Independentemente de como entendamos a natureza precisa da referência de Paulo a cabelo e/ou a cabeça coberta, a questão fundamental para ele, no momento, é que homens e mulheres devem se apresentar de uma forma que honre a singularidade de seu gênero – especialmente quando estão à frente na igreja. Além do mais, eles devem fazer isso de maneira que seja respeitosa no contexto da cultura que os cerca. Por exemplo, quando minha esposa e eu conduzíamos grupos universitários a Israel e à Palestina, tínhamos de ajudar nossos estudantes americanos a fazerem a transição para uma cultura do Oriente Médio. Um ponto da prática era cobrir a cabeça – especialmente para os homens. Quando estávamos em locais religiosos judaicos, os homens precisavam colocar seus chapéus, ao passo que, em locais cristãos, eles os tiravam. Para as mulheres, as regras eram diferentes.

Então, o cabelo e as roupas realmente importam tanto assim para os cristãos de hoje? Bem, sim e não. Por um lado, o que realmente importa é o coração – isto é, se uma mulher ou se um homem está realmente ministrando ao povo de Deus com uma devoção sincera e genuína a Cristo. Antigas tradições e costumes culturais devem sempre ocupar o segundo lugar em relação a essas questões mais importantes. Eles não devem ser usados para julgar a espiritualidade de outra pessoa nem para excluir alguém da comunhão com outros crentes.

Por outro lado, a maneira como nos vestimos ou usamos o cabelo pode, às vezes, atrapalhar nossa capacidade de ministrar

Celebrando nossa singularidade como mulheres e homens **95**

ou atrapalhar a capacidade de outra pessoa de nos ouvir – especialmente em um contexto público. Mais uma vez, por favor, entenda que não estou falando apenas de ministros "profissionais"! Por exemplo, seria perfeitamente normal usar um maiô em uma festa na piscina com seu grupo de jovens; mas você provavelmente seria mais eficaz se colocasse algo por cima do maiô, ao fazer um devocional mais tarde, naquela noite. Ou pode ser aceitável usar shorts para ir à igreja no sul da Califórnia – mas não no Oriente Médio! Nunca se deve permitir que questões de decência em geral ou mesmo simples preferências culturais desviem a atenção da mensagem que está sendo pregada.

Você, porém, pode estar pensando: "No meu contexto cultural, as coisas são bem diferentes da Corinto do primeiro século". Bem, são e não são. Por exemplo, a homossexualidade era bastante comum no período greco-romano, como está se tornando novamente no mundo ocidental de nossos dias. Da mesma forma, as pessoas, em contextos culturais antigo e moderno, às vezes se vestiam ou usavam o cabelo de uma maneira que sinalizava sua "orientação sexual". Diante disso, Paulo condena claramente a prática do comportamento homossexual (leia suas duras palavras em 1Co 6:9 e 1Tm 1:10). Esta é apenas uma razão para levar a sério o princípio bíblico das diferenças de gênero benéficas (nossa singularidade como homens e mulheres) e aplicá-lo com sensibilidade no contexto de nossas próprias "tradições e costumes".

Contudo, celebrar a singularidade de gênero não significa que os meninos usam "camisas jeans azuis" e as meninas usam "vestidos rendados de cor rosa". Na verdade, isso atrapalharia a maioria das oportunidades de ministério nos dias de hoje. Tampouco significa que todas as mulheres devam agir da mesma maneira "padronizada" para seguir a definição de "feminilidade/do que é ser mulher" dada por alguém (o mesmo vale para homens e para a "masculinidade/ o que é ser homem"). Estudos recentes mostraram que existe uma diversidade considerável entre os homens, em alguns casos até mais do que entre homens e mulheres (e o mesmo vale para as mulheres).

96 Parceiros no casamento e no ministério

O objetivo é manter os marcadores de gênero adequados e deixar de lado as coisas que nos distraem ou se tornam distrações para as pessoas que amamos e servimos.

Então, as mulheres podem pregar na igreja?

Aqui chegamos ao versículo central desta passagem: 1Coríntios 11:10. Literalmente, ele está no "centro" da estrutura centralizada do argumento do apóstolo (reveja o gráfico na p. 90). Esse tipo de estrutura era comum para os rabinos judeus nos dias de Paulo, conhecedores da literatura hebraica do Antigo Testamento. Na verdade, livros inteiros foram organizados dessa maneira (por exemplo, os livros de Miqueias, Daniel e Ester). Aqui, o clímax está nesta afirmação crucial: "É por essa razão que uma mulher deve ter autoridade sobre sua própria cabeça por causa dos anjos". Vamos desdobrar parte por parte essa declaração enigmática, mas impactante.

Primeiro, qual é exatamente a ordem de Paulo às mulheres que oravam e profetizavam nas assembleias de Corinto? Literalmente, o texto diz: "uma mulher deve ter autoridade sobre sua própria cabeça" – e não um "sinal" ou um "símbolo" de autoridade, como é acrescentado pelas versões ASV, NASB e ESV. O que isto significa? Todas as outras referências no Novo Testamento em que ocorre a expressão "autoridade sobre" falam da autoridade que o sujeito da sentença tem sobre o objeto. Por exemplo, os discípulos de Jesus tinham "autoridade sobre" demônios, doenças e cidades (Lc 9:1,17); no fim dos tempos, os santos receberão "autoridade sobre" as nações (Ap 2:26); e o próprio Deus exercerá "autoridade sobre" as pragas (Ap 16:9).

Na igreja de Corinto, Paulo fala especificamente para as mulheres que estão "orando" (liderando o culto público) ou "profetizando" (pregando o evangelho) à frente da assembleia da igreja. Essas mulheres líderes devem ter ou exercer "autoridade sobre sua própria cabeça". Isso pode significar uma de três

Celebrando nossa singularidade como mulheres e homens **97**

coisas. Primeiro, pode significar algo tão simples quanto deixar as mulheres decidirem como querem "cobrir" suas cabeças, literalmente – isto é, qual penteado ou cobertura exterior elas preferem. Uma segunda hipótese seria que, talvez, Paulo estivesse lembrando as mulheres de exercerem essa autoridade e manterem suas cabeças cobertas. Uma terceira hipótese seria que, uma vez que Paulo reconhece especificamente que o marido é o "cabeça" da esposa, no início desta discussão (1Co 11:3), seu conselho às mulheres profetisas pode levar adiante seu tema recorrente da mutualidade. Nesse sentido, o apóstolo estaria lembrando ao privilegiado líder masculino da família romana que, quando sua esposa fala como profeta, ela fala com autoridade sobre o seu "cabeça", ou seja, com autoridade sobre o marido.

Quer Paulo estivesse endossando o direito de uma mulher que fosse profetisa escolher sua cobertura para a cabeça, quer estivesse chamando-a a cobrir sua cabeça, quer estivesse validando sua autoridade como porta-voz de Deus (como Débora para Baraque, em Juízes 4 e 5, ou Hulda para Josias, em 2Reis 22; 2Crônicas 34), está claro que as mulheres serviam como líderes e profetas no culto de adoração da igreja do Novo Testamento. Além disso, agiam assim com a bênção do apóstolo e até mesmo com um senso de autoridade concedida por Deus.

Em segundo lugar, qual é a razão da ordem de Paulo? Lembre-se que, em uma estrutura centralizada, devemos olhar para os dois lados da seção principal. Nesse caso, 1Coríntios 11:7-9 e 11-12 completa o pensamento mais amplo. Como vimos antes, esses versículos falam da interdependência mútua entre homens e mulheres, conforme é ilustrada nas ordens de criação-procriação. Logo, o apóstolo raciocina assim: (a) é porque o homem veio primeiro na criação e (b) porque as mulheres vêm primeiro na procriação (c) que uma mulher, que seja líder ou profetisa no culto de adoração, deve ter autoridade sobre sua própria

98 Parceiros no casamento e no ministério

cabeça. Em outras palavras, seu conselho para as mulheres está diretamente ligado à ideia de reequilibrar o patriarcado com a mutualidade. Embora os homens geralmente governassem a casa naquela época, homens e mulheres podiam compartilhar igualmente a liderança na igreja.

A outra razão apontada no versículo é "por causa dos anjos". Embora existam quase tantas interpretações deste pequeno trecho quanto a quantidade de intérpretes que existirem, não ousamos ignorar as palavras do apóstolo. Para mim, parece mais razoável conectar os "anjos" com o fato de que muitas dessas mulheres estavam profetizando. Na Bíblia, assim como em grande parte da literatura judaica extrabíblica dessa época, os anjos eram os mediadores das profecias. Em outras palavras, eles comunicavam a palavra de Deus aos profetas, que, por sua vez, comunicavam-na ao povo de Deus. Encontramos isso em vários dos livros posteriores do Antigo Testamento (por exemplo, Dn 8–12; Zc 1–6). Portanto, porque as profetisas eram capacitadas por anjos, elas deveriam ter autoridade sobre suas próprias cabeças.

Então, em resposta à pergunta "As mulheres podem pregar na igreja?", Paulo diria enfaticamente: "Sim! E devem pregar com autoridade sobre sua própria cabeça." É surpreendente para muitos leitores de hoje que a ideia de uma mulher pregar na igreja seja algo perfeitamente aceitável para Paulo. Mas este não é o ponto principal do apóstolo nesta passagem. Em vez disso, ele está preocupado que tanto os homens quanto as mulheres exerçam seus dons de liderança – com a devida autoridade –, ao mesmo tempo que se apresentam de uma maneira que celebre a singularidade de seus respectivos gêneros. Os marcadores culturais para isso variam muito, de tempos em tempos e de lugar para lugar, mas o princípio permanece. Embora nossa aparência não deva ser ditada pela cultura ao nosso redor, devemos ser sensíveis a como figuramos nesse contexto – especialmente em relação àqueles a quem ministramos.

Celebrando nossa singularidade como mulheres e homens **99**

PARA REFLEXÃO E DISCUSSÃO

1. Se você foi criado em um contexto de igreja, quais "papéis de gênero" tradicionais ou habituais foram associados a ser cristão? Estes papéis eram claramente conectados a princípios bíblicos?

2. Que contribuições únicas as mulheres trazem para o time de líderes da sua igreja? Se atualmente as mulheres não são bem--vindas nos cargos de liderança, tente imaginar como seria se isso mudasse.

3. Você já ouviu uma mulher pregar, seja ela pastora, seja uma pregadora visitante? Como se sentiu com relação a isso? Por que se sentiu assim? Que contribuições únicas diferentes mulheres trazem (por exemplo, em questão de conteúdo, estilo de pregação e sensibilidade para com sua audiência)?

4. Como você poderia usar estilos de cabelo e de roupas para melhorar a forma de ministrar aos outros? Que exemplos lhe vêm à mente de onde essas questões atrapalharam o ministério de alguém?

5. A prática da homossexualidade está se tornando mais comum em seus círculos sociais? Como as igrejas podem ser mais acolhedoras para com indivíduos que têm essa orientação e que buscam sinceramente a Cristo, sem, contudo, reafirmar seu estilo de vida?

6. Como a liderança da igreja pode equilibrar melhor a ideia de ter alguma autoridade sobre a congregação com o princípio de servir, encarnado por Jesus (compare Mt 23:8-11 com 1Pe 5:1-4)?

7. Embora Paulo não se incomodasse com mulheres que fossem profetisas se dirigindo à assembleia ou conduzindo orações em público, nós frequentemente nos incomodamos. Quais passos práticos sua igreja poderia tomar a fim de tornar mais suave a transição para ter mulheres nos ministérios "à frente" da igreja?

8

Liderando juntos com humildade, respeito e esperança

1 Timóteo 2

Homens, parem de discutir e levantem as mãos em oração!
Mulheres, vistam-se com modéstia e aprendam com respeito silencioso em vez de ensinarem os homens de maneira dominadora! E
lembrem-se, mulheres, vocês estarão seguras gerando filhos, se suas
vidas demonstrarem fé, amor e santidade (1Tm 2:8-15).

Com a mesma frequência com que Efésios 5 é citado em apoio
ao patriarcado no lar, as palavras de Paulo em 1Timóteo 2 têm
sido usadas para impedir que as mulheres sejam parceiras, em
igualdade de condições, de seus irmãos em Cristo, nas equipes
de líderes das igrejas de hoje. Devo admitir com tristeza que eu
costumava estar entre aqueles que cometiam essa injustiça. No
entanto, ao longo dos anos, estudando com mais cuidado essa
passagem em seu contexto original, fiquei surpreso com o que
encontrei, bem como com o que não encontrei!

As duas cartas de Paulo a Timóteo, seu "filho na fé", foram escritas em contraste com um rico pano de fundo greco-romano, quando o grande apóstolo estava em uma prisão romana, perto do fim
de sua vida (61-63 d.C.). Naquele período, o jovem Timóteo servia
entre os líderes (literalmente, "bispos") em uma igreja que Paulo
havia ajudado a plantar na cidade de Éfeso. Sua primeira carta foi

escrita em razão de sua preocupação com o bem-estar espiritual desta congregação cercada por uma cultura pagã decadente. Mais especificamente, alguns na congregação estavam ensinando heresias extraídas de mitos pagãos (1Tm 1:3-4), e o espetáculo mais popular da cidade era o culto à deusa da Lua, Ártemis.

No que essas mulheres haviam se metido?

Provavelmente a última coisa que você esperava encontrar em um livro como este é uma seção sobre mitologia grega. Francamente falando, estou um pouco surpreso por estar escrevendo uma seção assim! No entanto, uma breve introdução a esta religião outrora predominante em Éfeso é essencial para entender as palavras do apóstolo, em sua carta aos crentes desta congregação.

Talvez você já tenha tido a sorte de visitar a extraordinária estátua de mármore da Vênus de Milo, no Museu do Louvre; ou talvez tenha idade suficiente para ter dançado o primeiro "single de um milhão de dólares" de Frankie Avalon, em 1959, também chamado Vênus? De qualquer forma, quase todo mundo já ouviu falar de Vênus, a deusa romana do amor e da beleza (também conhecida em grego como Afrodite).

No entanto, bem menos pessoas já ouviram falar de Ártemis, uma deusa grega (conhecida como Diana pelos romanos), embora se você tivesse vivido em Éfeso, no primeiro século, o nome dela seria uma palavra familiar. Além disso, parece que muitas das mulheres da igreja dos efésios, na época de Paulo e Timóteo, eram influenciadas pelo culto pagão a essa deusa – ou, talvez, tivessem até mesmo profundo envolvimento nesse culto. Na verdade, dado o peso das evidências, é difícil imaginar o contrário.

O antigo historiador Antípatro de Sídon (século 2 a.C.) considerava o sólido templo de mármore de Ártemis, em Éfeso, como a maior das "Sete Maravilhas do Mundo Antigo" (relegando a famosa Pirâmide de Quéops, os Jardins Suspensos da Babilônia e o Colosso de Rodes a um status de segunda classe). Esta impressionante estrutura arquitetônica foi construída pela primeira

102 Parceiros no casamento e no ministério

vez no século 6 a.C. e posteriormente restaurada após a morte de Alexandre, o Grande. Cobria mais de 8.800 metros quadrados – quatro vezes o tamanho do Partenon de Atenas. Além disso, ostentava requintados capitéis jônicos, que se elevavam a 20 metros de altura sobre 127 colunas, muitas das quais eram entalhadas com minuciosas cenas da mitologia grega.

Como a deusa mais amada da Grécia antiga, Ártemis era retratada como uma virgem que abandonara roupas e comportamentos modestos, enquanto vagava pelas florestas com suas ninfas, para proteger animais e crianças contra as artimanhas dos homens. Esses homens, dos quais ela geralmente se esquivava, nunca foram capazes de domá-la. Na verdade, armada com seu arco e suas aljavas, ela estava pronta para matar qualquer homem que cobiçasse sua beleza. Tanto sacerdotes eunucos quanto sacerdotisas castas serviam em seu templo, como parte de um poderoso culto matriarcal. Além disso, as pessoas comuns de sua época muitas vezes honravam Ártemis, em orgias sexuais, como uma virgem seminua que promovia a promiscuidade.

Outros artistas da época retratavam Ártemis como uma deusa semi-humana da fertilidade, com múltiplos seios. Além de ser a destemida caçadora virgem, ela dava fertilidade às mulheres e um bom parto para aquelas mulheres que confiavam nela. Ela era conhecida como a "mãe de todas as criaturas", uma distorção pagã de Eva, a "mãe de todos os viventes" (Gn 3:20). No entanto, ao contrário de Eva, ela não foi criada a partir de um homem.

Certo, você provavelmente está dizendo: "Mas o que tudo isso tem a ver com 1Timóteo 2?" Fique comigo um pouco mais, enquanto analisamos o relato bíblico do encontro pessoal de Paulo com o culto de Ártemis.

Em Atos 19:23–20:1, Paulo está visitando Éfeso, em sua terceira viagem missionária (54-58 d.C.), quando conhece Demétrio, que fazia réplicas do templo para os adoradores de Ártemis. Esse empresário grego temia muito perder seu sustento por causa do ministério de Paulo. Em certa ocasião, ele chegou a incitar um motim contra o apóstolo e seus colaboradores. Ele alegou que a pregação deles desacreditaria o Templo de Ártemis e roubaria a deusa – que era adorada no mundo inteiro conhecido naquela época – de sua divina majestade. O caos se espalhou rapidamente pela cidade, com multidões enfurecidas cantando: "Grande é a Ártemis dos efésios!" No final, os primeiros missionários mal escaparam com vida.

Alguns anos mais tarde, com essa lembrança vívida na memória, Paulo escreveu sua Primeira Carta a Timóteo a respeito da igreja em Éfeso e de seu envolvimento com mitos pagãos, como o de Ártemis (1Tm 1:4).

O que Paulo tem a dizer sobre isso – e por quê?

É sempre uma boa ideia deixar que o contexto mais amplo e as declarações mais claras lancem luz sobre a parte de um texto que esteja sendo debatido. A preocupação de Paulo nessa passagem não é tanto estabelecer princípios gerais para todos os tempos; é muito mais abordar problemas específicos que existiam nesta igreja, naquela época. Mais uma vez, um gráfico com os comentários de Paulo pode nos ajudar a enxergar o cenário geral.

Princípios positivos	Princípios negativos
Homens	Homens
8a levantem as mãos em oração	8b parem de discutir
Mulheres	Mulheres
9a, 10 vistam-se com modéstia […] com boas obras e um viver santo.	9b sem chamar a atenção por usarem ouro, pérolas ou roupas caras.
11, 15 aprendam com respeito silencioso […] continuem a viver na fé, no amor e na santidade…	12-14 em vez de ensinarem os homens de maneira dominadora (que o exemplo de Eva as torne humildes)

104 Parceiros no casamento e no ministério

Em contraste com o que vimos em Efésios 5, Paulo se dirige primeiro aos homens da igreja nesta carta – e muito brevemente. O apóstolo quer que eles parem com suas discussões raivosas e, em vez disso, levantem mãos santas a Deus em oração (1Tm 2:8). Isso está de acordo com seu princípio geral de viver uma vida pacífica, mansa, piedosa e santa (2:2). Mas também reflete as preocupações de Paulo a respeito do falso ensinamento que estava acontecendo em Éfeso (1:3-4). Aparentemente, esses homens estavam mais interessados em discutir sobre o problema do que em orar a respeito dele. Em resposta, Paulo os instrui a abandonarem seu orgulho, a se humilharem e a buscarem a resposta de Deus em vez de se gabarem de suas próprias ideias.

Quando eu era aluno de pós-graduação, minha esposa, Pat, participou de uma de minhas aulas, que, naquele dia, era uma aula "somente para homens". A primeira coisa que ela disse, quando entramos no carro para voltar para casa, foi: "Por que vocês, homens, sempre discutem tanto? Vocês parecem desrespeitosos uns com os outros e até mesmo com seu professor." Nunca esqueci a lição que aprendi com ela naquele dia. Por isso, homens, embora estejam ansiosos para ler sobre a "parte interessante" dos versículos a seguir, parem um momento e reflitam sobre a imagem que vocês projetam quando discutem teologia, especialmente em um grupo de homens. Acaso a imagem de "meninos que se comportam mal" lhes vem à mente?

Agora, vamos dar uma olhada no que Paulo diz às mulheres. Mais uma vez, repito que, embora ele fale especificamente para as mulheres, seu conselho não é exclusivo para um dos gêneros. Pelo contrário, pode ser aplicado aos homens também.

Primeiro, as mulheres deveriam se vestir com modéstia, decência e respeito em vez de ostentarem penteados elaborados ou roupas e joias caras. Elas deveriam "vestir-se" com o tipo de comportamento que caracteriza as mulheres piedosas (1Tm 2:9-10). As palavras de Paulo lembram as reflexões do antigo sábio hebreu sobre a mulher sábia de Provérbios 31:30:

Liderando juntos com humildade, respeito e esperança   105

"O encanto é enganoso, e a beleza é passageira; mas a mulher que teme ao Senhor, essa sim será louvada".

Além disso, são palavras semelhantes às instruções que Pedro dá às esposas que têm maridos descrentes, em 1Pedro 3:3-4, e também a suas instruções aos "presbíteros" para se vestirem de humildade (1Pe 5:5). Elas ainda espelham o conselho que Paulo deu aos crentes de modo geral da igreja em Colossos, quando os conclamou a se revestirem de compaixão, bondade, humildade, mansidão e paciência (Cl 3:12). O princípio de se vestir com respeito e modéstia, em contraste com a ostentação de riqueza e aparência, é tão relevante para os homens quanto para as mulheres, tanto naquela época quanto hoje em dia.

Paulo também instrui essas mulheres a aprenderem com respeito silencioso (1Tm 2:11) em vez de ensinarem de maneira dominadora para com os homens (v. 12). O fato de que o apóstolo instrui as mulheres a "aprenderem", nesta passagem, é com demasiada frequência negligenciado. Como em Gálatas 3, aqui ele convida as mulheres a "se sentarem à mesa com os homens", para que um dia possam vir a se tornar discípulas, como Maria de Betânia (Lc 10:38-42); mestras, como Priscila (At 18:24-26); ou mesmo apóstolas, como Júnia (Rm 16:7). Além disso, aprender com respeito é uma postura que teria se aplicado a todos os aprendizes dos dias de Paulo, independentemente de gênero. Contudo, a questão em discussão aqui não é o aprender em si nem é o aprender com respeito. Em vez disso, a questão é o aprender com respeito em contraste com o ensinar de forma dominadora para com os homens.

O ato de ensinar, nos dias de Jesus e de Paulo, certamente carregava consigo algum grau de autoridade. Nosso Senhor reconheceu isso, quando disse a seus discípulos para evitarem o comportamento arrogante dos líderes religiosos judeus, que amavam títulos importantes como "rabi, mestre e pai" (Mt 23:8-12). Da mesma forma, os governantes gentios adoravam "dominar" seus súditos ou "exercer autoridade" sobre eles (Mt 20:25). Em nítido contraste, os seguidores de Jesus deveriam

106 Parceiros no casamento e no ministério

evitar essas tentações arrogantes e, em vez disso, humilharem-se com o propósito de servir (v. 26-28).

Em 1Timóteo 2:12, Paulo parece ter em mente essa noção de ensinar com arrogância quando proíbe as mulheres de Éfeso de ensinar. A segunda proibição, no versículo 12, reforça essa ideia. A melhor tradução seria "usurpar autoridade" (KJV), "assumir autoridade" ou "dominar" (NEB). Traduções suavizadas, como "ter autoridade" (NKJV) ou "exercer autoridade" (NASB), perdem a força e o tom do termo original, que, nos dias de Paulo, era fortemente negativo. Então, o pensamento todo é que Paulo não quer que essas mulheres ensinem de uma forma que domine ou usurpe a liderança existente, a qual, naquela época, era composta em sua maioria por homens.

No entanto, pode ser que você esteja pensando: "Por que Paulo dirige especificamente essas instruções às mulheres? Não seria igualmente errado os homens fazerem isso?" A resposta curta e direta é: "Sim, seria." Mas uma resposta mais completa pode ser encontrada nos exemplos que ele cita e na promessa de esperança que se segue, todos extraídos de Gênesis 2 e 3. Paulo primeiro lembra a essas mulheres que sua ancestral, Eva, veio de um homem e foi enganada pela serpente (2:13-14). Então, ele assegura-lhes que serão mantidas a salvo ao gerarem filhos, se forem sinceras em sua fé, amarem os outros e viverem uma vida santa (v. 15). A intenção de Paulo era humilhar o orgulho delas, mas, ao mesmo tempo, manter sua esperança.

Então, por que trazer Eva para dentro de tudo isso? Para começo de conversa, a palavra "porque", no início do versículo 13, transmite a ideia de "por exemplo". Eva está sendo usada como uma ilustração, através da qual essas mulheres possam reconhecer, com humildade, o erro em seu caminhar. Contudo, podemos perguntar: não há outros exemplos na Bíblia de mulheres arrogantes que foram enganadas, que poderiam ter sido usados em lugar do exemplo de Eva (digamos, Dalila ou Jezabel)?

É importante aqui levar em conta a influência do culto de Ártemis sobre as mulheres de Éfeso. As preocupações de Paulo sobre os falsos ensinos que envolviam mitos pagãos (1Tm 1:4) certamente teriam incluído lembranças do culto que ele havia encontrado de forma tão dramática não muitos anos antes (At 19).

Da mesma forma, as proibições de Paulo contra as mulheres ensinarem de maneira dominadora fazem mais sentido quando colocadas no contexto do culto de Ártemis, no qual a deusa pagã encorajava as mulheres a dominarem os homens. Além disso, os exemplos de Paulo sobre a criação e o engano de Eva humilhariam as afirmações arrogantes das mulheres de que Ártemis não veio de um homem e não precisava de homens. Por fim, a promessa de esperança do apóstolo em relação a estarem a salvo ao darem à luz fornece às mulheres piedosas a garantia de que o juízo de Eva sobre ter "mais intensas as dores de sua gravidez" (Gn 3:16) deve ser tratado não em Ártemis, mas em Cristo.

Então, as mulheres podem participar da liderança da igreja?

O grande cenário que Paulo está pintando ao longo desta passagem é uma imagem que contrasta princípios positivos e princípios negativos, ou seja, proibições (reveja o gráfico acima). Os homens devem orar em vez de discutir. As mulheres devem se concentrar em ter um caráter piedoso em vez de ostentarem riqueza, status e aparência. As mulheres igualmente devem aprender com respeito em vez de ensinarem de forma dominadora. Em todos esses três pares contrastantes, Paulo chama seus leitores a orarem, a aprenderem e a servirem com humildade em vez de promoverem com orgulho ou arrogância sua própria agenda. Em cada caso, os princípios positivos, assim como os princípios negativos (ou seja, as proibições), podem e devem ser aplicados nos dias de hoje tanto a homens quanto a mulheres.

108 Parceiros no casamento e no ministério

Sempre que leio esta passagem, lembro-me das muitas férias que passamos em família na região Amish do Condado de Lancaster, na Pensilvânia, não muito longe da comunidade rural em que cresci. Na verdade, quando Pat e eu visitamos o lugar, alguns verões atrás, peguei um livrinho intitulado *Uma vida tranquila e pacífica*. O título é uma citação de 1Timóteo 2:2, KJV). O "povo simples" (como eles gostam de se chamar) usa essa passagem até hoje, para preservar um estilo estritamente conservador de roupas, cabelos e comportamento que remonta à Europa do século 18. A maioria de suas práticas não estão especificamente prescritas nas Escrituras, mas são transmitidas partir de sua cultura. O mesmo se dá com a noção de "somente homens" como líderes nas igrejas de hoje. Embora a igreja primitiva tivesse principalmente homens em sua liderança (por exemplo, observe a linguagem de gênero em 1Tm 3:1-7 com relação a presbíteros e diáconos), ela também permitia que mulheres servissem no papel de líderes, como serviram Priscila e Júnia. Em outras palavras, não era algo exclusivo como acontece em muitas igrejas hoje. E o que é mais importante, como cristãos: não somos chamados a preservar as normas culturais dos primeiros séculos. Em vez disso, devemos pegar os princípios que são claramente ensinados nas Escrituras e aplicá-los, com sabedoria, em nossas culturas que estão em constante mudança.

Portanto, mais uma vez a resposta à pergunta é enfática: Sim! Mulheres com dons e piedosas podem e devem compartilhar responsabilidades de liderança com homens, tanto na igreja quanto em casa. A aplicação específica que Paulo faz de um princípio bíblico às mulheres, em Éfeso, não deve ser mal interpretada nem mal aplicada como uma regra geral restritiva para as mulheres de todos os tempos e lugares. Afinal, por que deveríamos fazer isso com apenas um dos três contrastes que Paulo faz? Não exigimos que os homens levantem as mãos em oração nem proibimos as mulheres de usarem roupas e joias bonitas ou cabelos trançados. Mas devemos chamar homens e mulheres a

Liderando juntos com humildade, respeito e esperança **109**

orarem em vez de discutirem; a cultivarem a modéstia em vez da arrogância; a aprenderem com respeito em vez de dominarem os outros. Quando ouvirmos esta mensagem, teremos ouvido o coração de Paulo nesta passagem.

PARA REFLEXÃO E DISCUSSÃO

1. Tente imaginar como era viver em Éfeso no tempo em que a mitologia greco-romana, como o culto de Ártemis, era a prática comum. Como essa perspectiva poderia ter afetado sua leitura desta passagem?

2. Se você é mulher, alguma vez já foi tentada a substituir o patriarcado pelo matriarcado, isto é, sentiu-se tentada a fazer aos homens o que eles fizeram às mulheres? Em caso afirmativo, como você lidou com essa tentação?

3. Alguma vez você já admitiu sua culpa por ter discutido em vez de orar? Em geral, isso é um problema que acontece mais com os homens? Termos mais mulheres envolvidas com teologia ajudaria a melhorar esse quadro?

4. Valorizar riqueza e aparência pessoal ou adotar uma atitude de aprender de uma maneira respeitosa ainda são problemas nas igrejas de hoje? Alguns desses problemas são mais típicos das mulheres do que dos homens ou vice-versa?

5. O ensino em uma igreja contemporânea traz consigo certo grau de autoridade? O que seria um bom exemplo disso? Ou um mau exemplo?

6. Você já testemunhou uma situação em que alguém tenha ensinado de maneira dominadora em sua igreja? Quem fez isso era homem ou mulher? Qual foi o resultado?

7. Se você é mulher, já precisou ser humilhada por um exemplo negativo, como o comportamento de Eva em Gênesis 3? De que modo a falha de Adão poderia ser usada para humilhar homens arrogantes?

Princípios para hoje

Muitas vezes me perguntam: "As mulheres podem ser presbíteras, pastoras ou até mesmo pastoras seniores?" Geralmente, minha resposta é: "Você está fazendo as perguntas erradas". Em vez disso, vamos perguntar: "Quais são os requisitos bíblicos para servir na liderança da igreja?" E a resposta das Escrituras é: "piedade, dons, experiência e instrução". Esses temas são abordados de forma clara e direta.

Em contrapartida, a Bíblia em nenhum lugar fala de "pastor sênior" (homem ou "pastora sênior", mulher), tampouco nunca restringe as mulheres de servirem como presbíteras ou de servirem entre os "pastores de um rebanho" de crentes, lado a lado com seus irmãos em Cristo. De fato, a ideia de ter mulheres no ministério público, na pregação ou no ensino é abordada somente em duas passagens bíblicas e apenas de forma tangencial.

No capítulo 7, descobrimos que algumas mulheres da igreja em Corinto estavam ministrando como profetas (porta-vozes da Palavra de Deus ao povo de Deus). Nas igrejas de hoje, provavelmente pensaríamos nelas como pregadoras. Em sua Primeira Carta aos Coríntios (1Co 11), Paulo expressou duas preocupações em relação a essas mulheres: primeira, a preocupação de que elas deveriam ser sensíveis aos "marcadores de gênero" de sua cultura quanto à aparência (na época, a questão de "cobrir a cabeça"); segunda, a preocupação de que elas deveriam ter "autoridade sobre suas próprias cabeças" quando oravam ou

Princípios para hoje **111**

profetizavam. Nenhum desses comandos restringia as mulheres de pregarem. Além disso, ambos são aplicáveis aos dias de hoje, embora provavelmente sejam aplicados de maneiras diferentes. Lembre-se: ao dar essas instruções, Paulo tem o cuidado de trazer equilíbrio ao patriarcado de sua época, lembrando a seus leitores que, assim como a mulher veio do homem, também os homens vêm das mulheres – e, em última análise, todos nós viemos de Deus. O princípio é a mutualidade de gênero expressa nas ordens de criação e de procriação.

No capítulo 8, examinamos uma situação diferente: a dos homens e das mulheres de Éfeso, uma cidade fortemente influenciada pelo culto pagão a Ártemis. Primeiro, Paulo instruiu os homens a orarem em vez de discutirem. Então, ele diz às mulheres para se vestirem com modéstia e praticarem boas obras em vez de ostentarem riqueza, status e beleza. Por fim, diz que as mulheres deveriam aprender o caminho de Cristo com respeito silencioso em vez de ensinarem de maneira dominadora sobre os homens (1Tm 2).

Paulo também humilhou as arrogantes mulheres efésias com ilustrações sobre os fatos de Eva ter sido tirada de Adão e ter sido enganada por Satanás – sendo que o último fato levou a humanidade à transgressão. Nenhuma dessas instruções proibia mulheres maduras e piedosas, que fossem bem instruídas na Bíblia, de ensinarem os homens de maneira apropriada mais tarde e em uma situação diferente. Esta passagem também não deve ser usada nos dias de hoje para impedir que as mulheres compartilhem responsabilidades de liderança com os homens. De fato, as palavras do apóstolo mais uma vez têm algo a dizer tanto para homens quanto para mulheres, tanto para aquela época quanto para hoje, embora os mesmos princípios possam ser aplicados de maneira diferente em diferentes contextos.

Então, o que tudo isso significa para as mulheres em contextos contemporâneos da igreja? Vários princípios para aplicação pessoal podem ser extraídos dessas duas passagens.

112 Parceiros no casamento e no ministério

Primeiro, assim como os primeiros cristãos sob o domínio romano, também nós vivemos em um tempo em que a intimidade sexual entre pessoas do mesmo sexo é relativamente comum. Devemos ser acolhedores para com homens e mulheres que têm essa orientação e que buscam sinceramente seguir Cristo. No entanto, não podemos endossar seus estilos de vida à luz de declarações claras e fortes das Escrituras (por exemplo, Rm 1:26; 1Co 6:9).

Em contrapartida, devemos celebrar nossas diferenças como homens e mulheres, diferenças essas que foram dadas por Deus e são benéficas. No entanto, ao mesmo tempo, devemos reconhecer as muitas maneiras em que somos semelhantes, ou seja, em que somos parceiros ou "ajudadores que correspondem" um ao outro e que vieram do Éden (Gn 2 e 3). Sem dúvida, isso também se manifestará de várias maneiras peculiares a homens e mulheres individualmente envolvidos. E, uma vez que a Bíblia não define "feminilidade/a condição de ser mulher" ou "masculinidade/a condição de ser homem", devemos evitar dogmatismo, estereótipos e a criação de listas restritivas nessas áreas também.

Segundo, devemos ter cuidado com o modo que usamos a "autoridade" em nossa pregação e ensino. Pastores e pregadores falam com um senso legítimo de autoridade apenas na medida em que representam a Palavra de Deus. Em última análise, a autoridade é de Deus, não nossa. No entanto, podemos facilmente ser tentados, como líderes, a presumir que temos autoridade por nós mesmos e tentarmos dominar os outros. Uma vez que nem mesmo Cristo se apegou à sua autoridade (Fp 2:5-8), também nós não devemos nos apegar à nossa. Como o próprio Mestre disse: "Assim também vocês, quando tiverem feito tudo o que lhes for ordenado, devem dizer: 'Somos servos inúteis; apenas cumprimos o nosso dever'"(Lc 17:10).

Terceiro, quando formos escolher líderes para a igreja, devemos nos concentrar mais em questões como piedade, dons, maturidade

Princípios para hoje **113**

e instrução do que em gênero, status social e etnia. Além disso, o orgulho que muitas vezes está vinculado a títulos e cargos deve ser evitado. Os presbíteros do Novo Testamento, que estavam "pastoreando o rebanho", sempre são mencionados no plural, sem que nenhum deles seja designado como o "pastor principal" (ou "pastor sênior"). Até o grande apóstolo Pedro, a "pedra" que tem as "chaves do Reino" (Mt 16:18-19), reconheceu que, no final, ele era apenas um "presbítero como eles [ou seja, como os demais]" servindo ao lado dos outros e tendo apenas Jesus como o "Supremo Pastor" (1Pe 5:1-4). Felizmente, muitas igrejas hoje adotaram um modelo mais bíblico de "liderança de equipe", que se adapta aos dons e à maturidade dos indivíduos envolvidos.

Por fim, mulheres cristãs piedosas e que têm dons, nos dias de hoje, devem ser encorajadas – e não só admitidas – a participar da liderança da igreja ao lado de seus irmãos em Cristo. Não me entendam mal neste ponto, não se trata de feminismo; trata-se de parceria mutuamente igualitária. Como homens, precisamos convidar nossas irmãs a "sentarem à mesa" conosco, a aprenderem conosco e, de fato, a se juntarem a nós como líderes-servas da congregação. Nossas irmãs em Cristo precisam de todo o nosso apoio e encorajamento, assim como nós precisamos do apoio e do encorajamento delas. Não é hora de ficar calado nem passivo. Ao contrário, é hora de nos pronunciarmos de forma assertiva e com convicção!

Caminhos para o futuro

Como vimos, a Bíblia ensina, de forma consistente, a mutualidade entre gêneros, desde Adão e Eva até o ministério de Jesus, bem como nos escritos de Paulo e Pedro. Todas essas passagens apontam para uma parceria complementar de iguais, na qual as responsabilidades de liderança são assumidas em conjunto, na comunhão do ser um em Cristo. O Novo Testamento nos apresenta como um novo povo de Deus, no qual as antigas barreiras de etnia, status social e gênero são declaradas como algo irrelevante no contexto da unidade em Cristo (Gl 3:28). Embora tenhamos percorrido um longo caminho na história da igreja para alcançar esse ideal bíblico, ainda não chegamos lá. Ainda existem muitas igrejas que insistem em perpetuar um arcaico sistema patriarcal (embora em graus variados de sutileza e em números cada vez menores).

Em tal contexto, como podemos caminhar juntos para ajudar a igreja a avançar em direção a um ideal mais bíblico? Acredito que a resposta seja tripla: primeiro, devemos acreditar que a mudança é possível; segundo, devemos estar dispostos a nos envolver pessoalmente; e terceiro, devemos seguir em frente com plena consciência do que está em jogo.

A mudança é realmente possível?

O inspirado escritor de Hebreus nos adverte, na grande "galeria dos heróis da fé", que, se quisermos ir a Deus, devemos crer que Deus existe e que ele recompensa aqueles que o buscam com sinceridade (Hb 11:6). A fé sincera gera esperança de que a mudança pode acontecer.

Ao longo da minha jornada, venho estudando a "questão de gênero" por mais de trinta anos. Durante esse tempo, testemunhei algumas mudanças significativas na universidade cristã em que leciono, bem como nas igrejas em que minha esposa e eu ministramos. No entanto, as engrenagens do progresso nessa área às vezes giram em um ritmo tediosamente lento. Ocasionalmente, eu me pergunto: "existe realmente esperança?"

Quando esse tipo de dúvida surge, eu me volto para o final dos relatos dos Evangelhos e leio as narrativas da ressurreição. E lembro a mim mesmo que, se Deus pode ressuscitar Jesus dentre os mortos – o evento fundamental de nossa fé –, então Deus também pode trazer unidade para a igreja, mesmo no que diz respeito ao debate de gênero. Em outras palavras, acredito que a mudança é possível porque acredito na ressurreição de Jesus Cristo.

Também lembro a mim mesmo das palavras de Paulo em 2Coríntios. Nelas, ele declara que a igreja é uma "nova criação", por meio da qual fomos reconciliados com Deus. Além disso, recebemos "um ministério de reconciliação" (2Co 5:17-19). A reconciliação é um mandato divino para todo o povo de Deus, não é algo opcional. É o componente essencial do ministério para o qual todos na igreja são chamados.

As perguntas ainda assim são intimidantes: "Deus é capaz de restaurar a unidade do Corpo de Cristo em relação ao debate de gênero?" Sim! "Deus pode derrubar as barreiras que construímos entre homens e mulheres?" Sim! "Posso orar e esperar que Deus mova o coração dos casais cristãos rumo à submissão mútua, ao sacrifício e à honra como coerdeiros?" Sim! "A parceria que fica tão evidente no *design* da criação ainda é algo que podemos alcançar hoje?" Sim! "Deus pode trazer verdadeira irmandade entre homens e mulheres líderes de nossas igrejas, no lugar do patriarcado que tem dominado por tanto tempo?" Sim!

116   Parceiros no casamento e no ministério

A resposta em todos os casos é um retumbante "Sim!" Deus quer tudo isso e é capaz de realizá-lo!

O que eu, pessoalmente, posso fazer?

Deus faz mudanças na igreja por meio de indivíduos comuns, como você e eu, que respondem à sua Palavra e ao Espírito Santo. Uma pessoa pode influenciar outras, que eventualmente formam uma coalizão de pessoas dispostas a mudarem. A seguir, estão alguns passos práticos que você pode dar para promover um modelo de parceria mútua em seu lar e em sua igreja.

Primeiro, a mudança deve ser bíblica. Lembre-se de que Jesus Cristo é o nosso modelo de como devemos nos comportar uns para com os outros. Vale a pena repetir as palavras de Paulo aos filipenses: "Tenham uns para com os outros a mesma atitude que Jesus Cristo teve. Embora sendo Deus, ele renunciou a seus direitos divinos para se tornar um mero mortal, na verdade um humilde servo, que estava disposto a morrer como um criminoso na cruz" (Fp 2:5-8). Resolver o problema de gênero não tem a ver com exigir nossos direitos; tem a ver com ser servo/serva. Por mais de dois mil anos, este tem sido o caminho da cruz.

Em segundo lugar, a mudança envolve tanto mulheres quanto homens. Devemos ter em mente que, no final, este é um movimento bíblico de igualdade, e não apenas um movimento de mulheres. É um movimento sobre mutualidade e parceria, e não sobre matriarcado ou feminismo. Mesmo em nossa sociedade ocidental moderadamente patriarcal de hoje, os homens em geral controlam as posições de poder. Como no primeiro século, esta continua a ser a configuração das coisas nos dias de hoje, em casa, na igreja e no local de trabalho. É por isso que Paulo também chama os homens a se submeterem mutuamente (Ef 5:21), a amarem suas esposas e a se sacrificarem por elas (Ef 5:25-28), a se entregarem a elas em amor (1Co 7:4) e a se submeterem a elas tratando-as como coerdeiras do dom da graça da vida (1Pe 3:7). Embora a submissão mútua inclua a esposa, a influência dela só

Caminhos para o futuro 117

pode ir até esse ponto para mudar a natureza de um relacionamento conjugal. A mudança mais significativa muitas vezes tem de vir daquele que detém o poder. A "cabeça" deve estar disposta a se sacrificar pelo corpo (Ef 5:25). Em outras palavras, os maridos precisam abrir mão de sua suposta autoridade e se tornar verdadeiros servos, em um contexto de submissão mútua. Esse mesmo princípio é verdadeiro para a igreja hoje, onde os homens ainda ocupam a maioria das posições de liderança. O caminho de Cristo não é se impor como líder, mas sim servir (1Tm 2:11-12). Onde houver necessidade de liderança, os irmãos com responsabilidade episcopal devem convidar suas irmãs para se juntarem a eles na equipe de liderança. Nas igrejas que adotam uma forma de governo congregacional, tanto mulheres quanto homens podem ser envolvidos na promoção disso, por meio do voto congregacional. As mulheres, que foram diminuídas e descartadas por tanto tempo, precisam ser encorajadas e capacitadas para servir lado a lado com seus irmãos em Cristo. Jesus fez isso por Maria de Betânia, e Paulo fez isso pela apóstola Júnia. Como homens das igrejas de hoje, não podemos fazer menos que isso!

Em terceiro lugar, a mudança leva tempo e paciência. Para muitos na igreja, a ideia bíblica de parceria mútua entre homens e mulheres ainda é um território desconhecido. Eles estão acostumados com o modelo patriarcal, que lhes é mais familiar. Muitas vezes ouço alguém dizer: "Parece estranho ver uma mulher pregando. Embora a Bíblia não diga que ela não pode pregar, a coisa toda simplesmente não me parece certa." Como podemos ajudar essas pessoas a avançarem em direção a um modelo mais bíblico de igualdade em Cristo?

Em minha própria igreja local, algo que ajudou foi encorajar as mulheres a participarem com mais frequência de atividades nas quais são aceitas e que têm visibilidade e destaque. Isso pode incluir coisas como liderar em oração, ler as Escrituras, liderar o canto congregacional, fazer anúncios, recepcionar as pessoas na entrada da igreja, receber a oferta, servir a ceia do Senhor, compartilhar suas experiências de crescimento espiritual e/ou servir no conselho de diáconos (só para citar alguns exemplos). À medida que as pessoas se acostumam com isso, elas eventualmente se sentirão mais confortáveis em considerar ter a voz de uma mulher no conselho de presbíteros ou em ouvir alguém chamar uma mulher de "pastora". Mesmo que essas mudanças sejam corretas porque são bíblicas, ainda assim leva tempo para as pessoas se adaptarem a elas. Enquanto isso acontece, devemos praticar a virtude da paciência.

Quarto, a mudança requer um esforço continuado. Paulo também encorajou a igreja na Galácia – os mesmos cristãos que estavam lutando com a questão de judeus x gentios – a não se cansarem de fazer o bem, pois, no tempo certo, colheriam os frutos, se não desistissem (Gl 6:9). Fazer o que é certo pode ser um trabalho árduo. Pode nos deixar exaustos, nos dias bons, e completamente deprimidos, nos dias maus. Vivemos em um mundo de soluções instantâneas. Costumamos ouvir que podemos perder peso em questão de dias e ganhar uma fortuna de um dia para o outro. Também nos dão a certeza de que podemos ter o que quisermos quando quisermos – e a um preço mínimo.

O patriarcado desfigurou as relações entre homem e mulher desde o dia em que Adão e Eva foram expulsos do Jardim do Éden. Em nome do patriarcado, mulheres sofreram abusos por milhares de anos – até mesmo mulheres cristãs cujos maridos são crentes. Além disso, as mulheres foram excluídas da possibilidade de compartilhar a liderança com os homens durante a maior parte da história da igreja. O *design* da criação de Deus, que foi deteriorado pelo nosso pecado, precisa de reparos há muito tempo. E não é algo que será consertado em apenas uma década ou mesmo em um século, ainda que os esforços contemporâneos rumo à igualdade verdadeiramente bíblica, nos últimos dois séculos, tenham nos conduzido na direção certa. Embora devamos ser pacientes, o século 21 não é tempo para desistir nem para ficar calado! No tempo de Deus, colheremos uma grande safra, se persistirmos na tarefa. E tenha certeza de

Caminhos para o futuro **119**

que Deus vindicará aqueles que, a partir das margens da igreja, clamam em nome dos que não têm voz!

O que está em jogo?

Vários anos atrás, eu estava tomando café da manhã com meu antigo mentor acadêmico do doutorado. Quando ele perguntou sobre meus projetos atuais, sobre o que eu estava escrevendo no momento, contei a ele sobre o trabalho que estava fazendo em *Discovering Biblical Equality* [Descobrindo a igualdade bíblica, InterVarsity, 2005]. Sua resposta foi: "Nossa, que assunto da moda!" Outros amigos também brincaram sobre meus esforços nessa área, dizendo que eu era "politicamente correto". Contudo, uma questão importante como essa não pode ser tão facilmente banalizada.

Pela última vez, repasse comigo as palavras de Paulo aos gálatas, especialmente o tom e a intensidade de seus apelos. Ele começa expressando seu espanto pela facilidade com que esses crentes abandonaram o evangelho da graça para seguir um evangelho falso e distorcido. Ele chega ao ponto de sentenciar tais pessoas à maldição de Deus. Então, ele declara que sua intenção é ganhar a aprovação de Deus – não das pessoas –, pois ele é um servo do Messias que o incumbiu dessa mensagem. O grande rabino enfatiza sua origem judaica e sua perseguição à igreja, pois o que ele está prestes a dizer será um choque para muitos de seus leitores judeus (Gl 1:6-24).

Paulo havia sido chamado por Deus para ser um apóstolo para os gentios, assim como Pedro seria um apóstolo para os judeus (Gl 2:1-10). Sabendo que eles poderiam não reagir gentilmente a essa inclusão radical em uma igreja predominantemente judaica, Paulo cita um encontro em que ele repreende publicamente Pedro e outros judeus por não comerem na mesma mesa com os gentios. Ele chega a chamar tal exclusividade de "hipocrisia" (2:11-13), isto é, eles "não estavam andando de acordo com a verdade do evangelho" (2:14). "Ó gálatas insensatos", ele pergunta, "quem os enfeitiçou? [...] Vocês começaram com o Espírito. Por que agora estão

120 Parceiros no casamento e no ministério

tentando terminar com esforço humano?" (3:1,3). Este é o fundamento que Paulo lança para a sua famosa declaração de que todos os crentes são filhos de Deus pela fé, independentemente de etnia, status social ou sexo. De fato, essas antigas divisões não são mais relevantes em uma igreja na qual os cristãos vivem como uma comunidade unida de herdeiros das promessas de Deus (3:28).

Para Paulo, a unidade de todos os crentes, sem as velhas barreiras sociais, estava no cerne do que era viver a mensagem do evangelho. Era hipocrisia reconhecer uma dita "igualdade de status espiritual" sem aplicar essa verdade às atividades cotidianas do lar e da igreja. Na verdade, era algo que estava em desacordo com a verdade das Escrituras. Em vez disso, os gálatas estavam novamente "voltando" a se tornar escravos daquilo de que Cristo os havia libertado (Gl 4:9). O grande apóstolo está perplexo com o comportamento deles, tanto quanto está zeloso de sua própria convicção. Ele até compara sua luta com eles à dolorosa luta das mulheres no parto (4:12-20).

No final, Paulo chama homens e mulheres a permanecerem firmes na liberdade para a qual Cristo os chamou (Gl 5:1-2,13). Ele explica que, porque a princípio ganhamos vida pelo Espírito de Deus, devemos "andar no Espírito" (5:16) e "andar em sintonia com o Espírito" (5:25). Isso significa que devemos viver a realidade de nossa posição espiritual diante de Deus em nossos relacionamentos uns com os outros, se quisermos honrar a mensagem do evangelho.

É isto que está em jogo: honrar as mulheres como parceiras plenas dos homens, tanto no lar quanto na igreja! A parceria mútua estava presente no *design* de Deus para homens e mulheres, quando a humanidade foi formada. Além disso, ela continua a estar no próprio centro da mensagem do evangelho de Jesus Cristo. Os apóstolos Paulo e Pedro endossaram esse ideal bíblico, apesar do patriarcado de sua época. Permanecer firmes nessa liberdade é refletir a mensagem deles. Fazer isso com convicção apaixonada e com um coração de servo é seguir o exemplo deles, assim como o exemplo de Jesus.

Leituras adicionais

Aída Besançon Spencer, *Beyond the curse: women called to ministry* (Nashville: Thomas Nelson, 1985; reimpressão, Peabody: Hendrickson, 1989).

Alan F. Johnson, org., *How I changed my mind about women in leadership: compelling stories from prominent evangelicals* (Grand Rapids: Zondervan, 2010).

Alice P. Mathews, *A woman God can use* (Grand Rapids: Discovery House, 1990); *A woman Jesus can teach* (Discovery, 1991); *A woman God can lead* (Discovery, 1998).

Alvera Mickelsen, org., *Women, authority and the Bible* (Downers Grove: InterVarsity Press, 1986).

Carol E. Becker, *Becoming colleagues: women and men serving together in faith* (San Francisco: Jossey-Bass, 2000).

Catherine Clark Kroeger; Mary J. Evans, orgs., *The IVP Women's Bible Commentary* (Downers Grove: InterVarsity Press, 2002).

Craig S. Keener, *Paul, women and wives: marriage and women's ministry in the letters of Paul* (Peabody: Hendrickson, 1992).

Gilbert Bilezikian, *Beyond sex roles: a guide for the study of female roles in the Bible* (Grand Rapids: Baker, 1985).

Glen Scorgie, *The journey back to Eden: restoring the Creator's design for women and men* (Grand Rapids: Zondervan, 2005).

Jonalyn Grace Fincher, *Ruby slippers: how the soul of a woman brings her home* (Grand Rapids: Zondervan, 2007).

Loren Cunningham; David J. Hamilton, orgs., com Janice Rogers, *Why not women? A biblical study of women in missions, ministry, and leadership* (Seattle: YWAM, 2000).

Mark Husbands; Timothy Larsen, orgs., *Women, ministry and the Gospel: exploring new paradigms* (Downers Grove: InterVarsity, 2007).

Mary Stewart Van Leeuwen, *Gender and grace: love, work and parenting in a changing world* (Downers Grove: InterVarsity Press, 1990).

Patricia Gundry, *Heirs together: mutual submission in marriage* (Grand Rapids: Zondervan, 1980).

Rebecca Merrill Groothuis, *Good news for women: a biblical picture of gender equality* (Grand Rapids: Baker, 1997).

Ronald W. Pierce; Rebecca Merrill Groothuis, orgs., *Discovering biblical equality: complementarity without hierarchy* (Downers Grove: InterVarsity, 2005).

Ruth A. Tucker, *Women in the maze: questions and answers on biblical equality* (Downers Grove: InterVarsity Press, 1992).

Ruth Haley Barton, *Equal to the task: men and women in partnership* (Downers Grove: InterVarsity Press, 1998).

Sarah Sumner, *Men and women in the church: building a consensus on christian leadership* (Downers Grove: InterVarsity, 2003).

Steven R. Tracy, *Mending the soul: understanding and healing abuse* (Grand Rapids: Zondervan, 2005).

Sobre a Christians for Biblical Equality International (CBE)

Missão e valores

A CBE International (CBE) é uma organização sem fins lucrativos composta de homens e mulheres cristãos, que acreditam que a Bíblia, devidamente traduzida e interpretada, ensina a igualdade fundamental de mulheres e homens de todos os grupos raciais e étnicos, de todas as classes econômicas e de todas as idades, com base nos ensinamentos das Escrituras, como Gálatas 3:28:

> "Não há judeu nem gentio, nem escravo nem livre, nem homem e mulher, porque todos vocês são um em Cristo Jesus" (NIV, 2011).

Como uma comunidade global, a CBE se esforça para se tornar uma organização interculturalmente competente, comprometida com a defesa da igualdade, da equidade e da liderança de todas as mulheres, independentemente de cultura, classe, raça, etnia ou idade. Para esse fim, buscamos educar, de forma intencional e rotineira, a nós mesmos (funcionários da CBE, membros do conselho e partes interessadas) sobre questões que afetam as mulheres em todo o mundo.

Nesse espírito de defesa, a CBE colabora com pastores, igrejas, instituições e ONGs do mundo global para eliminar o sexismo, o racismo, a misoginia, a violência de gênero e o tráfico humano; para elevar o status da mulher; e para promover o desenvolvimento humano.

Parceiros no casamento e no ministério

Declaração de missão

A CBE existe para promover a mensagem bíblica de que Deus chama mulheres e homens de todas as culturas, raças e classes para compartilhar a autoridade, em pé de igualdade, no serviço e na liderança do lar, da igreja e do mundo. A missão da CBE é eliminar o desequilíbrio de poder entre homens e mulheres, decorrente do patriarcado teológico.

Visão para o futuro

A CBE vislumbra um futuro no qual todos os crentes sejam livres para exercer seus dons para a glória e os propósitos de Deus, com total apoio de suas comunidades cristãs.

Declaração de fé

- Cremos em um Deus, criador e sustentador do universo, que existe eternamente como três pessoas, iguais em poder e glória.
- Cremos na plena divindade e na plena humanidade de Jesus Cristo.
- Cremos que salvação eterna e relacionamentos restaurados somente são possíveis por meio da fé em Jesus Cristo, que morreu por nós, ressuscitou dentre os mortos e um dia voltará. Esta salvação é oferecida a todas as pessoas.
- Cremos que o Espírito Santo nos equipa para o serviço e nos santifica do pecado.
- Cremos que a Bíblia é a palavra inspirada de Deus, que ela é confiável e que é a autoridade final para fé e prática.
- Cremos que mulheres e homens são igualmente criados à imagem de Deus e recebem igualmente de Deus autoridade e a administração da criação.
- Cremos que mulheres e homens são igualmente responsáveis e afetados pelo pecado, o que resulta em relacionamentos arruinados com Deus, consigo mesmos e com os outros.

Portanto, lamentamos que os pecados de sexismo e de racismo tenham sido usados para oprimir e silenciar historicamente as mulheres, ao longo da vida da igreja. Resolvemos valorizar e ouvir as vozes e as experiências vividas por mulheres, do mundo todo, que foram impactadas pelos pecados do sexismo e do racismo.

Valores essenciais

- A Escritura é o nosso guia autoritativo de fé, vida e prática.

- O patriarcado (domínio masculino) não é um ideal bíblico, mas sim fruto do pecado que se manifesta de forma pessoal, relacional e estrutural.

- O patriarcado é um abuso de poder, que tira de mulheres e meninas aquilo que Deus lhes deu: dignidade, liberdade e liderança, bem como, muitas vezes, a própria vida.

- Embora a Bíblia reflita uma cultura patriarcal, ela não ensina que o patriarcado é o padrão de Deus para os relacionamentos humanos.

- A obra redentora de Cristo liberta todas as pessoas do patriarcado e chama mulheres e homens a compartilhar autoridade, em pé de igualdade, no serviço e na liderança.

- O desígnio de Deus para os relacionamentos inclui o casamento fiel entre uma mulher e um homem, a solteirice celibatária e a submissão mútua na comunidade cristã.

- O uso irrestrito dos dons femininos é parte integrante da obra do Espírito Santo e essencial para o avanço do evangelho em todo o mundo.

Os seguidores de Cristo devem promover o desenvolvimento humano, opondo-se à injustiça e aos ensinamentos e às práticas patriarcais, que rebaixam, diminuem, marginalizam, dominam, escravizam ou exploram as mulheres, abusam das mulheres ou restringem o acesso delas à liderança no lar, na igreja e no mundo.

126 Parceiros no casamento e no ministério

Comunidade global

Com apoiadores, parceiros de ministério e grupos locais de mais de 100 denominações e 65 países, a CBE engaja cristãos em conferências, currículos para adultos e jovens, recursos multimídia, publicações premiadas, um blog e muito mais.

A CBE colabora com pastores, igrejas, escolas e ONGs em todo o mundo, para eliminar a violência de gênero e o tráfico humano, bem como melhorar o acesso de meninas à educação, elevando o status das mulheres.

Ajudando a igreja na prevenção do abuso

Nos Estados Unidos e em todo o mundo, a cada três mulheres, uma é vítima de abuso físico por parte de um parceiro íntimo, e estudos mostram que o abuso é tão comum na igreja quanto na sociedade. A CBE está trabalhando com líderes da igreja para prevenir o abuso e criar comunidades em que mulheres e homens prosperem como iguais.

Cura e esperança

Por mais de trinta anos, os artigos, livros e conferências da CBE têm trazido cura e esperança para mulheres e homens cristãos em todo o mundo.

Conecte-se com a CBE

- *Mutuality*, um popular blog e revista, e *Priscilla Papers*, um jornal acadêmico, estão disponíveis gratuitamente online. Assine o blog semanal da CBE, inscreva-se para ser notificado sobre novas edições de jornais e revistas, ou *adquira cópias impressas*.
- O podcast da CBE, *Mutuality Matters*, oferece conversas semanais sobre mulheres, homens, mutualidade e a Bíblia.
- A livraria da CBE oferece livros resenhados e relevantes sobre

Sobre a Christians for Biblical Equality International (CBE) 127

o chamado da Bíblia para que mulheres e homens compartilhem a liderança e o serviço em pé de igualdade.

- A CBE promove conferências internacionais anuais, apresentadas por pastores, estudiosos e palestrantes de renome mun-
dial, que visam educar, encorajar e equipar os cristãos para
defenderem a igualdade bíblica de gênero.

- Membros da igreja e da organização CBE fornecem apoio
para organizações que desejam gerar um ímpeto igualitário,
incluindo assinaturas gratuitas e inscrições para conferências
com desconto.

- Os grupos locais são as mãos e os pés da CBE nas comunidades ao redor do mundo, fornecendo uma forma para que
membros e apoiadores locais se conectem e ministrem em
conjunto.

Junte-se às discussões no Facebook ou no Twitter.
Visite cbeinternational.org para encontrar tudo isso e muito
mais.

Este livro foi impresso pela Lisgráfica, em 2023,
para a Thomas Nelson Brasil. O papel do miolo
é pólen natural 80 g/m², e o da capa, cartão 250 g/m².